建筑企业管理论丛

全国建筑企业职业经理人培训参阅读本

领导文明与建筑业

张青林 著

中国建筑工业出版社

图书在版编目（CIP）数据

领导文明与建筑业/张青林著.—北京：中国建筑工业出版社，2006
（建筑企业管理论丛　全国建筑企业职业经理人培训参阅读本）
ISBN 7-112-08312-5

Ⅰ. 领… Ⅱ. 张… Ⅲ. 建筑工业—工业企业—企业领导学—中国
Ⅳ. F426.9

中国版本图书馆 CIP 数据核字（2006）第 042204 号

执行主编：姜海峰
责任编辑：常　燕
责任设计：孙　梅
责任校对：孙　爽　张　虹

建筑企业管理论丛
全国建筑企业职业经理人培训参阅读本
领导文明与建筑业
张青林　著
*
中国建筑工业出版社出版、发行（北京西郊百万庄）
新华书店经销
北京嘉泰利德公司制版
北京建筑工业印刷厂印刷
*

开本：787×1092 毫米　1/16　印张：15½　字数：220 千字
2006 年 8 月第一版　2006 年 8 月第一次印刷
印数：1—6500 册　定价：**35.00** 元
ISBN 7-112-08312-5
（14266）

版权所有　翻印必究
如有印装质量问题，可寄本社退换
（邮政编码 100037）
本社网址：http://www.cabp.com.cn
网上书店：http://www.china-building.com.cn

2003年两会期间青林同志（右）与王兆国同志（左）合影

2004年10月，青林同志（右）与建设部汪光焘部长（左）合影

2003年10月，青林同志（右）与中远魏家福总裁（左）、中化刘德树总裁（中）在泰国参加APEC会议

2004年11月,青林同志(左二)出席陈世民建筑师事务所成立8周年庆典活动留影

2004年青林同志(前)参加中建员工婚礼时留念

青林同志(后排左二)与哈工大校长王树国(后排左三)为哈工大老校长李昌同志贺寿(前排)

2005年青林同志（前中）在城通集团公司考察

青林同志（左）与全国劳模中建一局余孝德（中）在现场交谈

2004年10月，青林同志（右）向上海市施工行业协会李春涛（左）会长赠《项目管理与建筑业》一书

青林同志(右)考察哈尔滨市政建设

青林同志(右)考察哈尔滨市政建设

2003年6月,青林同志(右三)率领中建总公司代表团赴英国访问

出版寄语
CHU BAN JI YU

青林同志和我在20世纪80年代同在建设部工作，相识相知。青林同志的工作思路、工作方法和工作风格对同事的我们都很有启发。20多年来，他勤于思考，对建筑业改革和发展有比较深入的研究，积累了丰富的经验，并用形象的语言概括和提升。以"学习鲁布革经验，推广项目法施工"为契机，主持制定了一系列政策与改革措施，工作卓有成效。

在进一步完善社会主义市场经济体制的进程中，建筑业改革和发展的任务依然十分繁重。青林同志把工作体会和研究成果集结成一套丛书，定名为《项目管理与建筑业》、《经营管理与建筑业》、《领导文明与建筑业》、《企业文化与建筑业》，是一件有意义的事情，有助于不懈地探索和创新，但愿有益于读者。

中华人民共和国建设部部长

2004年11月

作者简介

张青林 1968年哈尔滨工业大学（原哈尔滨建工学院）毕业，教授级高级工程师。

1968年至1979年在建筑企业工作。

1979年至1993年先后在国家建委、国家经委、国家计委、建设部工作。从1984年起历任国家计委施工管理局副局长、局长、建设部施工管理司司长。

1993年至2004年任中国建筑工程总公司党组书记、副总经理（中央国家机关副部长级）。

张青林是十届全国政协委员，全国政协外事委员会委员。

主要社会职务有：

中国建设监理协会会长

中国质量协会副会长

中国技术经济研究会副会长

中国建筑业协会工程项目管理委员会会长

中国建筑业协会经营管理委员会会长

清华大学国际工程项目管理研究院兼职教授

新加坡项目管理外籍院士

英国皇家特许建造师学会前中国区主席

张青林同志作为高级领导干部和建筑行业专家，具有较高的理论素养和战略思维能力，善于运用党的基本理论、基本路线和各项方针政策研究解决行业和企业改革、发展、稳定中的重大问题。他具有比较广泛深厚的知识积累和经验积累，善于正确把握时代要求，以宽阔的视野汲取和提炼国内外的先进经验，不断推进行业管理和企业管理工作的创新。

作者简介

　　正如建设部汪光焘部长在"出版寄语"中所讲,"青林同志勤于思考,对建筑业改革和发展有比较深入的研究,积累了丰富的经验,并用形象的语言概括和提升。以'学习鲁布革经验,推广项目法施工'为契机,主持制定了一系列改革政策和措施,工作卓有成效。"

　　又如,中共中央组织部王东明副部长在某次会议上所做的评价:"青林同志政策理论水平高,有较强的政治敏锐性,熟悉企业党务工作和经营管理,重视两手抓和企业文化建设,注重把政治工作寓于经济工作之中,在经营、管理和改革中加强思想政治工作和精神文明建设。

　　青林同志在工作中能够把握大局,有较强的组织领导能力和决策水平。1993年到中建总公司担任党组书记后,他配合过两任总经理工作,和他们分工协作,互相配合,以丰富的经验和饱满的热情,为确保中建总公司的改革发展,为加强和改进企业党建工作和思想政治工作做出了不懈的努力和积极的贡献。

　　特别是这几年,中建总公司领导班子带领全体员工狠抓经营质量,坚决贯彻国家走出去战略,强化施工管理,坚持优势企业突围和困难企业自救并举,坚持两手抓,两手都要硬,促进了公司经营规模和经济效益,国内市场与国际市场的协调发展,各方面取得的成效是明显的,营业收入、利润总额、上缴税金等各项经济指标均创历史最好水平。公司员工收入也得到提高,企业竞争力、凝聚力得到进一步加强,这些成绩取得是党中央、国务院正确领导的结果,是公司领导班子和全体员工努力工作的结果,也是与青林同志的辛勤工作分不开的。"

目录

出版寄语

作者简介

论领导文明八大要义一个灵魂 …………………………………… 1
第一要义：领导文明贵在认识客观规律 ………………………… 25
  选读文章
   之一：经济增长与投资增长关系 …………………… 38
   之二：关于项目法的生产理论 ……………………… 41

第二要义：领导文明重在确立总体思路 ………………………… 46
  选读文章
   之一：关于建筑施工企业组织结构调整的
      总体思路 …………………………………… 47
   之二：中国建筑工程总公司改革与发展纲要 ……… 50

第三要义：领导文明义在寻求实现途径 ………………………… 71
  选读文章
   之一：项目法施工的道路 …………………………… 73
   之二：项目法施工是对一般项目管理的发展 ……… 82
   之三：资质管理创新之路 …………………………… 84

第四要义：领导文明力在综合协调推进 …………… 88
　　选读文章
　　　之一：发展工程建设集团企业的可贵探索 ………… 89
　　　之二：依靠企业自我奋进努力搞活大中型建筑
　　　　　　施工企业 ……………………………………… 94
　　　之三：关于"整体做强中国建筑"的指导方针 …… 99

第五要义：领导文明善在化解突出矛盾 ……………… 110
　　选读文章
　　　之一：关于处理好我国在外劳务闹事问题 ………… 111
　　　之二：关于共建工会联合会，解决好农民
　　　　　　工问题 ………………………………………… 118
　　　之三：化解突出矛盾的思想武器 …………………… 124
　　　之四：如何判断职工对改革的承受程度 …………… 133

第六要义：领导文明艺在领导方法创新 ……………… 137
　　选读文章
　　　之一：对日本建设业龙头企业的考察 ……………… 141
　　　之二：关于同人民日报记者的谈话 ………………… 152

第七要义：领导文明成在领导班子文明 ……………… 159
　　选读文章
　　　之一：学习实践"三个代表"重要思想，加强
　　　　　　领导班子思想政治建设 ……………………… 164
　　　之二：领导班子思想政治建设的"三看"和"八炼"… 171
　　　之三：建设高素质的领导班子是做好工作的
　　　　　　根本保证 ……………………………………… 173

contents

第八要义：领导文明兴在领导成员文明 …………… 186
  选读文章
    之一：少有权欲，多谋思想 …………………… 187
    之二：学习要寻根 ………………………………… 189
    之三：老话新说 …………………………………… 190
    之四："结合"的启示 …………………………… 192
    之五："一分为二"与"一分为三" …………… 195
    之六："亦此亦彼"与"非此即彼" …………… 197
    之七："磨合"与"合磨" ……………………… 198
    之八：好心不一定有好报 ……………………… 200
    之九：提倡使用"1.2的干部" ………………… 201
    之十：企业思想工作也是生产力 ……………… 202
    之十一：思想政治工作要进入企业中心 ……… 204
    之十二：思想工作要少讲"做"，多讲"入" …… 205
    之十三：观念与行为 ……………………………… 208
    之十四：对群众意见不要"精加工" …………… 210
    之十五：听赞扬"打折"与听批评"加倍" …… 211
    之十六：改革≠下岗 ……………………………… 213
    之十七：研究下岗不如研究市场 ……………… 214
    之十八："四个时候"与弘扬积极因素 ………… 216

附录
  附录一：项目法施工是施工企业进入市场的钥匙 ……… 219
  附录二：情系中国建筑，体察群众心声 ………………… 223
  附录三：永立时代潮头 …………………………………… 229

后记 ………………………………………………………… 233

论领导文明八大要义一个灵魂

　　我把建筑业改革发展与领导文明联系起来并作为一个论题这还是第一次。但这个问题我已感受若干年了。如果从我在国家计委担任施工管理局局长思考我国建筑业改革与发展时算起也已经二十多个年头了。二十多年来，我在政府部门担任了十年的司局长，到中国建筑工程总公司这个中国最大的建筑企业联合体担任党组书记和副总经理也已十一个年头，可以说二十多年领导岗位的工作实践，无不是在体会着建筑业改革发展与领导文明的论题。在我编写这本书的过程中，我反复思考这本书尽管由若干篇文章组成，但它的主线应当是一个，这一个主线究竟是什么？突然间我对"领导文明"产生了强烈呼唤，这就成为了它的主线。由此形成了此书的书名和首篇文章，算得上是我二十多年来工作实践诸多体会中最为深切的体会。

（一）

　　我虽然呼唤领导文明，但我并不知晓把"领导"与"文明"联在一起究竟是什么内涵？意义又何在？为此查阅了一些有关资料并作了一番初步的思考，试简述一下文明是什么，领导是什么，领导文明又是什么？
　　文明是什么？

——文明是对人类社会进步过程的表述。例如，古代文明前的人类"古代文明"、"现代文明"、"富强、民主、文明的国家"，还有"人类文明"、"社会文明"等的表述。《全球通史》一书编者的第一篇就是描述文明之前的人类，这说明文明社会是有起点的。在《从文明起源到现代化》一书中讲到，"经过漫长的发展历程，到新石器时代晚期，文明诸因素开始显现，大约不晚于公元前两千五六百年，我国的祖先告别了原始社会，进入初期文明社会的历史新时期。"这个起点就是新石器时代的晚期，从此一部人类社会的文明史开始演进到今天。

——文明是对国家各个领域和社会各个单位的文化要求。如物质文明、精神文明、政治文明、文明行业、文明社区、文明岗位等等。《辞海》*中解释"文明"二字时，解释为"犹言文化"，犹言又是什么呢？就是指物质文明和精神文明。

——文明是对社会各个成员思想行为的一种约束，它与"野蛮"相对。如文明语言、文明行为、文明公约、文明作风等等。总之，人们所追求的文明是进步的，高尚的，光明的。

领导是什么？

从名词上讲是指高层的领袖和导师，也指各单位的"头头"。从动词上讲是指一种行为，正如通常所说领导领导，既带领又引导。所以领导是无处不在、无处不有的，它既存在于各个单位群体之中，又存在于一切事物的发展过程之中。一切群体的有组织的活动之中，都包含有领导活动。

——从哲学意义上讲，领导活动是新事物对旧事物的推动和替代。就是说先进力量和积极因素使事物的内在矛盾运动发生"质"的变化，从而使事物向前发展了。可见，如果同前面所述的文明联系起来，任何文明过程的实现都是伴随领导而实现的。文明是目标和结果，领导活动则是过程，两者是不可分割的。

——从客观上讲，领导是对正确道路的指引。如党的领导是党的路线、方针、政策的领导,这是我们常讲的话。这就是说任何组织,包括各个党派,各个团体,各个单位都要以其所恪守的信念、宗旨、指导思想和行为准则来凝聚群体的先进力量,并为其目标而奋斗,在正确道路上实现新的进步。这里讲到的对信念、宗旨、思想和行为的"恪守",就是在实现着领导。

——从微观上讲,领导就是指任何一个单位的领导集团,即领导班子对本单位所实行的领导,也包括领导集团中各位领导者的领导。

领导文明又是什么?

领导文明并不是对文明的领导,而是对领导活动的要求和领导水平的评价。也就是说是对贯穿事物过程中的领导活动的评价。如前所讲到的文明是讲进步的过程,就是说文明是指在过程之中,前一个阶段、一个时期的成果和后一个阶段、一个时期的目标。前一个阶段文明成果不断的过去,后一个阶段文明目标不断的展现,形成了文明成果与文明目标的不断循环,这其中"领导活动"在每个循环中发挥着承前启后的推进作用,既为前一个阶段文明成果的取得做出了贡献,又为后一个阶段文明目标的实现再去奋斗进取。可见领导与文明是任何事物发展过程中的两个孪生体。然而领导文明的实现并非易事,这要靠一代一代的领导集团沿着正确的道路不间断的去努力去奋斗,如果领导集团不能实施正确的领导,那么文明成果也就不会取得,也就是说如果领导不文明,就不会有任何单位任何事物任何阶段的文明成果。因此领导集团的素质和领导水平就成了能否实现领导文明的关键。

领导集团的领导文明,包括领导思想、领导能力、领导艺术和领导作风等。从这些内容上讲,应当说领导文明早已成为了领导科学的重要内容,应当为理论界、实践界所关注的内容。在这方面,毛主席是非常杰出的典范,他的若干著作都有非常精辟的论述。例如,从危害领导文明方面有反对教条主义,反对形式主义，反对自由主义等；从崇尚领导文明方面有民主集中制，学会弹钢琴等等。又如当今对领导文明有了更高的要求，因为时代在前进，环境在变化，被领导的对象复杂多样，对领导能力、方式方法和思想作风都提出了新的要求。然而我们痛心的是由于领导者不文明而导致不良后果的事例，在各个领域都有典型。人所周知的沈阳市慕马大案（慕绥新是沈阳市市长，马向东是副市长。他们两人走向贪官之路），反映出的市政府领导的不文明所造成的沈阳市改革发展的障碍是相当严重的。同样海关领域由于一些"关口"领导者的不文明，使之成为了走私的重灾区。一些地方的领导者在用人问题上表现出极其不文明的"买官卖官"行为更是令人痛心。至于领导廉洁自律方面、党风党纪方面、工作作风和生活作风方面所存在的问题，足以反映出当前各层面存在的领导不文明问题是相当严重的。因此当前谈及领导文明问题意义十分重大。

（二）

综合起来讲，领导文明是对领导思想、领导作风、领导方法和领导能力的优良集合。对领导文明的浅析，是用来回答领导文明与建筑业这个论题的。简言之是以建筑业为具体对象来详细讨论领导文明问题，进一步说就是领导文明在建筑业改革发展中如何体现，如何实践，如何发挥的问题。我1968年从大学毕业到建筑企业基层工作了十一年，1979年到调到国家机关又工作十四年，其中在行业领导岗位上的时间就达十年，1993年底我又回到大型建筑企业（中国最大的建筑企业集团：中国建筑工程总公司）的主要领导岗位，同时一直多年担当着一些行业协会、学术团体的领导工作。可以说从四个层次来谈领导文明问题，都有一些体会。包括：政府领导文明、行业领导文明、企业领导文明和领导者领导文明等。虽然层次、角色不同，但就领导文明这个主题来讲具有共同之处的。

关于政府领导文明，即国家建筑业主管部门的领导文明。

首先，体现在领导思想文明上。当然应十分明确，指导我们思想的理论基础是马克思列宁主义、毛泽东思想、邓小平理论和"三个代表"的重要思想。领导文明要求以此为指导思想，根据党的路线、方针和政策，明确全行业改革发展的指导方针、总体思路、理论基础和实施步骤。在这个问题上比较有代表性的就是从1984年引入国际先进项目管理经验开始，全行业在"鲁布革冲击"中所展现的丰富多彩的改革篇章。尤其是国家提出了全国施工企业组织结构调整的总体思路，1987年在全国施工工作会议上明确了这一思路和实施步骤。体现在本书中的"我国施工企业组织结构总体改革的基本思路"（详见第二要义中选读文章第一篇，著者注）一篇文章中。在寻求全行业改革的理论基础方面，我更引以为豪。根据马克思主义的生产力理论，回答了建筑业改革的理论根基问题，这就是第一次提出了"项目生产力"的理论概念，用"项目法施工"五个字组成的新鲜用语，在全行业引发了一场新的理论与新的实践相互结合的改革，并形成了一系列的以项目管理为中心内容的生产方式大变革，这一问题在本书每篇文章中都可以见到这一理论基础所发挥的理论支撑的巨大作用。总之，体现政府领导文明的领导思想文明是非常重要的，是历史性的，是先导性的，是把正确的领导思想体现在实践之中的。

其次，体现在领导体制文明上。业内人士都会感到国家对建筑业领导体制的变化是最多的。从1980年以来二十多年的变化看，建筑业领导体制一直没有理得顺畅。由于对建筑业的概念和范畴理解不一，因而有房屋建筑业的说法，而其他土木工程类则称为工程建设行业，由此该部门的多头领导体制一直没有很好的解决。如果用"政府有界、企业无边"的市场经济观点来透视，

"政府有界"并没有做到，有些是混乱不清的。例如建设部主管的建筑装饰业务与原轻工部门主管的室内装饰业务界限划分十分不清，有一次竟做出了"建设部主管室内六面体的装修，而轻工部门主管空间"的分工决定。这件事虽已过去，但足以为大家讲述了一个领导体制不文明造成的大笑话。建筑业领导体制不顺难以实现政府的领导文明，必然给行业的发展带来不利影响。

再次，体现在领导方式文明上。政府对行业的领导应是方针政策的领导，法律法规的领导，为行业和企业创造并优化环境。所谓"政府规范市场，市场引导企业"的描述是再精彩不过了，然而政府在由计划经济向市场经济过渡转变的历史时期，由于运用市场经济规律引导行业和企业不是一下子能学会和运用得好的，因而往往会用习惯了的计划经济的手段来对待市场经济中的企业问题。比如，建设行政主管部门在我国初涉房地产开发时，即20世纪80年代末90年代初曾明确不让建筑企业搞房地产业务，使建筑业失去了发展的机遇。而深圳市政府则允许深圳市建筑企业从事房地产业务，至今这些建筑企业靠自我积累的发展能力已远远超过了其他建筑企业。政府要办政府该办的事至今仍是一个体现政府领导文明的课题。

关于行业领导文明，即建筑业行业协会组织的领导文明。

体现出行业领导文明的要点至少有三：一是协会组织的性质明确。协会是伴随改革开放的进程而在20世纪80年代中期开始问世的。协会作为企业自愿参加的民间社团法人组织是人所共知的基本情况。它的宗旨是坚持为行业的发展服务，为企业服务。这种服务的宗旨将随着市场经济的进一步完善而逐步调整成为代表企业利益的行业组织。因此政府所担当的为企业服务的职能将转到协会去履行。二是协会的组织结构合理。目前我国工程建设领域的协会组织比较多，原因是多方面的，但重要原因是依托政府部门办协会，有政府部门就有协会组织。如依托原国家计委的中国施工企业管理协会，依托建设部的中国建筑业协会、中国安装协会、中国建筑装饰协会，还有分散在各工业系统和协会组织中的工程建设协会，如铁道工程建设协会、化工、冶金、电力施工企业协会等等。这些协会组织虽然都做了大量工作，但由于全行业协会组织结构不合理，往往产生工作的重复性，有悖于为企业服务的宗旨，体现不出行业组织的领导文明。三是协会严守行业自律。由于协会不吃皇粮，靠自我创收，又由于协会与企业关联紧密，在服务企业中也容易产生有失自律的问题。因此严守行业自律是体现领导文明的重要方面。

关于企业领导文明，即企业领导班子的领导文明问题。

应当说这方面内容是相当丰富的，诸多企业创造了许多领导班子的领导文明经验，但其普遍性的、规律性的体现企业领导文明的是这样四个坚持：一是坚持领导班子的治理结构合理。建立现代企业制度是企业改革的方向，其中重要的内容是建立合理的法人治理结构，包括企业的股份制改造，企业董事会、股东会、监事会和经理层的建立，从制度上应确立各自的职责。同时企业党组织要继续发挥党组织的政治核心作用，工会组织要运用职工代表大会的形式继续发挥作用，使法人治理结构更符合国有企业的实情，又能最大程度地接近最为理想的形态。对于没有改制的国有企业必然要吸取现代企业制度中法人治理结构的长处，把企业班子建设得精干、高效、敬业、廉洁。发挥好党政领导班子的合力作用是现行领导体制的关键。二是坚持领导班子的学习型团队建设。任何组织的领导班子如不能不断地更新知识，共享知识，形成一个学习型的团队，就很难适应新形势对企业提出的新要求。我在《学习型企业》的问题上，提出了企业文化建设的要求，按照这一要求，企业领导班子要突出"五个必须"，即：

①必须把成员个人的学习与团队共同的学习结合起来，而且更要重视团队的共同学习提高，把每个成员的学习成果转化为大家的知识水平；②必须善于用企业文化建设中形成的价值观、经营理念和品牌建设来统领员工的思想和行为，使之向着一个方向前进；③必须善于把主客观因素、把企业自身与外部环境结合起来思考本企业的发展方向、目标和总体战略；④必须善于把战略管理和战术管理结合起来，把"战役"管理作为实施战略发展的工作重点，一步一个脚印地推进企业的各项工作；⑤必须善于总结以往的成功经验，并在继承的过程中创新出新的经验。一个领导班子如能按这"五个必须"完善自我，就一定会把企业带向新的前进。三是坚持集体领导和个人负责相结合的领导方式，就是必须坚持民主集中制的组织原则。领导班子成员只是分工不同，谁也不能超越组织之外，更不能凌驾于组织之上，也不能盛气凌人、霸气十足，要相互尊重，都自觉的在民主集中制中工作。"反对个人说了算与有一个人说了算"的观点，讲明了每一个企业的领导班子都要有一个人起关键作用，处于"一把手"的地位。如果经过了民主集中制的程序，就是合理的"有一个人说了算"，否则就是必须反对"个人说了算"。民主集中制在实行中做到"民主要充分，集中要坚决"是非常重要的。民主不充分，大家不讲话、不讲真话是非常有害的，是假民主的表现。集中要坚决就是要把集中的正确意见义无反顾地坚持贯彻，否则等于"零"。经常听取集中员工意见，特别是善于思考不同意见，是一个领导班子成熟的表现、文明的标志。四是坚持领导班子成员相互信任，团结共事。领导班子是由各成员组成的领导集体，只有相互信任，不互相猜疑，才能团结共事，形成真正的领导力量。团结共事于企业的"中心"工作之中。各个成员都要在发展是硬道理的思想指导下强化中心意识，共谋企业发展。尤其是党组织的政治核心作用一定要在企业中心工作中发挥，不能是核心、中

心两个心。两个中心就是"患",极不可取。团结共事于正气的凝聚之中,形成敬业、奋进的团队精神,这样才能弘扬先进,凝聚力量。任何一个群体都有先进、落后之分,积极因素、消极因素之别,都有正气与歪风邪气的市场,只要领导班子坚持廉洁自律,共事在正气之中,就会形成旺盛向上的势头,就会削弱消极落后的不利因素,就会体现领导班子的领导威力。团结共事于以人为本的管理思想之中。领导班子只有把员工装在心中,才能与员工共命运同呼吸,为振兴企业而拼搏奋斗。坚持以人为本不能不谈及思想政治工作问题。领导集团一方面要坚持企业思想政治工作的原则性,包括坚持党组织政治核心作用和全心全力依靠工人阶级办企业的要求;一方面要坚持企业思想政治工作创新,就是抓住与时俱进的关键,有针对性的入情、入理、入实地解决企业发展方向性问题。

关于领导者领导文明,即各级领导岗位成员的领导文明问题。

一名领导者作为个体如何体现出领导文明,对每一个担当领导职务的个人来说都是相当重要的。"靠得住,有本事"是选拔各层次领导成员的基本原则。能走上领导岗位的人员其基本的政治素质、业务素质和文化素质都应当具备了一定的水平,否则不应"上岗"。那么如何在这个基础上进一步提高则是实现领导者领导文明的必需。我认为至少在六个方面要加强自我修炼才能成为领导文明者。即一是理论武装的修炼;二是把握全局的修炼;三是品德素养的修炼;四是思维方式修炼;五是不断创新的修炼;六是语言风格的修炼。这几个方面的修炼在后边的有关部分会有详尽阐述。

(三)

我想从以上层面上升到思想层面再进一步阐述领导文明问

题。细分为八个问题，并以此构成了本书的主体框架。我将采取节选一些能体现每个问题思路的文章来结合阐明，以利读者思考。这八个问题可称为领导文明的八大要义：

1. 领导文明贵在认识客观规律；
2. 领导文明重在确立总体思路；
3. 领导文明义在寻求实现途径；
4. 领导文明力在综合协调推进；
5. 领导文明善在化解突出矛盾；
6. 领导文明艺在领导方法创新；
7. 领导文明成在领导班子文明；
8. 领导文明兴在领导班子成员文明。

这八个方面，1~2是讲决策文明，3~6是讲执行文明，而7~8则是讲领导文明的基础和保证问题。这里的"八在"，即贵在、重在、义在、力在、善在、艺在、成在和兴在，虽然没有内在逻辑上的关系，但每一个"×在"都能简明出每个问题的着眼点和着力点。

1. 关于领导文明贵在认识客观规律。如能对建筑业实施领导文明就必须认识建筑业的客观规律。规律只能遵循不可违背。规律存在于客观事物中，从考察事物中认识这一规律，从而把握这一规律，是每一名领导者能否做到领导文明的关键。我从1984年开始，走上建筑业行业管理的领导岗位，我认知了建筑业的两大规律。一是从经济规律上，我揭示了国民经济发展与投资增长，投资增长与建筑业发展的数量关系。进而认识到建筑业对投资的依赖性，也就是说固定资产投资总量决定建筑业的市场总量，投资布局决定建筑市场布局，投资结构决定建筑业工程类别结构，理解了建筑业为什么是广义服务业的基本属性。二是从生产规律上，我揭示了建筑业与工业生产的不同就在于建筑业生产方式上的特殊性，简而言之，建筑业是产品（工程）固定，而生产要素处于流动之中。进而提出了项目生产力的理论观点，从而把握了建筑业一切改革的举措、发展的举措，都必须从项目生产力出发。把握规律增加工作的预见性是领导者的文明之举，预见总趋势，预见可能性，预见结果的两重性，就可以主动面对客观形势，并应对其变化。关于领导与预见的关系，毛泽东同志在中国共产党第七次代表大会所作的结论报告中，作了深刻的阐述，指出："预见就是预先看到前途趋向。如果没有预见，叫不叫领导？我说不叫领导。坐在指挥台上，如果什么也看不见，就不能叫领导。坐在指挥台上，只看见地平线上已经出现的大量的普遍的东西，那是平平常常的，也不叫领导。"所以"为着领导，必须有预见。"预见就是见微知著，就是发现事物发展的趋势和各种可能性，并据此确立行动的目标和应对各种可能性的方案。有了科学的预见，才能胸怀远大奋斗目标，建立起战略性的领导工作计划，从而推进事业一步一步前进。

如何才能认识客观规律？我坚持这样三条：一是从历史回顾中认识规律；二是从行业发展实践中认识规律；三是从理性深悟中认识规律。从历史回顾到实践总结再到理性深悟，是认识客观规律的思想方法，也是认识规律最为可贵的三条途径。

一是从历史回顾中认识规律。我从1984年开始担当施工行业司局领导，当时正是全行业改革的初期，尤其是国家决定全面推行招标承包制，对全国施工企业提出了严峻的挑战。如何应对？如何指导？这个十分紧迫的问题摆在了我的面前。1987年是我回顾过去、策划未来的时点。当年国家正在组织《当代中国》巨著，我是《当代基本建设》施工篇的执笔者。为了完成这个任务，对施工行业进行了全面的总结和历史性的回顾，从中深刻地感到我国基本建设战线违背经济规律的事情不少，违背生产力规律的事情也不少，有"四大启示"在教训之中使我们更加清醒，反省历史教训，对建筑业应遵循的经济规律和生产力规律的认识就更为深刻了。

二是从建筑业发展实践中认识规律。从20世纪90年代以来，中国建筑业一直处在蓬勃发展之中，经过几个五年计划的发展实践，我发现了建筑业的发展与国民经济发展的关系，特别是与投资经济的关系，并且得出了一个反映基本规律的数量关系，这就是——国民生产总值（以下简称GDP）每提高1个百分点，固定资产投资要增加1.5~2个百分点。而建筑业的生产总量也相应同步增长。由此可以从GDP的基本数出发，便可预见投资的增长幅度和投资总量，从而预测到建筑业的市场前景，找到建筑业市场布局中的亮点，看到投资结构中的工程类别，为建筑业规划发展蓝图提供了依据。

科学发展观也告诉我们，如果固定投资增长过猛，破坏了GDP与投资增长的常规数量关系，例如2003年到2004年投资增幅超过30%，就必然带来不符合经济规律的严重后果，不但不会带来协调发展的速度，还会带来新的经济生活的紧张。

我在《项目管理与建筑业》一书第一章中节选下的一组文章，足以说明实践中蕴藏的规律，就在于我们的领导者如何去总结，去认识，去把握。

三是从理性深悟中认识规律。理论是实践的指导，从理性分析中认识规律极为重要，是寻"根"之举。对建筑业生产力理论的认识我是1985年在中央党校学习时而揭示的，当时学习马克思生产力理论的读本时，大有豁然开朗的感觉。我写的毕业论文被评为优秀论文发表在党校的通讯上。在这篇文章当中深入分析了建筑业生产力与普通工业生产力的社会形态的不同；分析了建筑业生产力在项目上形成的特征，为项目生产力的成型提供了理论基础。

从以上这三个方面提供给读者的是，把握任何规律都要从历史中，从实践中，从理性上，进行综合的分析和提炼，这是带有普遍性的认识事物本质的途径。

  2. **关于领导文明重在确立总体思路。**总体思路是管大局管长远的。对于任何一项具体的改革和管理办法来说，都必须为大局服务，都必须为长远发展创造条件打下基础，都必须防止急功近利的各种短期行为。我40岁在国家计委担当施工局局长期间，在如何总结、学习、推广日本大成公司（日本大成公司是日本的一家著名的建筑承包商，在2005年全球225家最大国际承包商排名中位列第29位）的云南鲁布革水电站工程建设经验时，可以有两种方式，一是就项目说项目，就布鲁革说布鲁革，年年搞出一批在质量、进度和成本方面优良的工程来，这样做既容易又显政绩；二是引入国际先进经验，改革我国施工企业的旧体制、旧制度，从根本上造就企业能自我创造鲁布革经验的新体制和新机制，这样做困难大时间长，更难说政绩。对于我这样一位年轻领导者来说，选择前者更有前景，然而我选择了后者，把改革旧体制摆在了首位。我当时在不少讲话中表明，在我60岁退下来时能见到改革成效就是我的心愿。现在看我是坚持了正确的人生观、价值观和世界观，才有了正确的政绩观，也才有了后一条改革思路的艰苦选择。

  3. **关于领导文明义在寻求实现途径。**确立总体思路是领导文明的必需，然而只停留在讲话、文章之中的思路还不能是领导文明的最终目的，接下来的任务就是下功夫寻找到这一总体思路和目标的实现途径。在这方面我对"结合"二字产生了浓厚的兴趣，深感"结合"二字的伟大。只有"结合"，才能找到途径。邓小平同志运用马列主义毛泽东思想结合中国的国情，回答了什么是社会主义和怎样实现社会主义的本质和途径问题。这才有社会主义初级阶段和市场经济的诞生，才有改革开放的伟大实践，才有"发展是硬道理"和"三个有利于"判定标准的英明论断等等。我引述几句小平同志的伟大之言，是想说明领导文明不能只停留在总体思路上,更要体现在寻求实现途径上。在指导全行业改革和发展上,我同样注意了目标和过程的统一、思路和途径的统一。我感到当时提出的"以项目法施工"为突破口是很有创意的选择。"项目法施工"五个字之所以成为"原理"就在于它引入了国际工程项目管理经验,又着眼于现阶段施工企业内部的配合改革,搞经营管理层与劳务作业层两层分离,生产、生活两线分开,把劳务队伍专业化,把后勤服务社会化,既抓住了未来的方向——项目管理,又面对了现存的企业体制和运行机制。

强化资质管理作为创新的管理手段是我的骄傲。当时为了实现全行业的企业队伍总量控制,进行企业经营结构调整和组织结构调整,启动市场准入制度的实践和推进企业提高整体素质,我吸取日本政府在20世纪70年代对建设企业实行的"登录制",结合我国对建筑企业刚刚实行的经营资格管理制度,创造了体现以上四种功能的资质管理制度。当时"资质"二字有很大争议,有人说《辞海》上都查不到,我说这才是创新。"资质"是"资格"和"素质"的结合,今天这一提法已遍布各行各业了。

4. 关于领导文明力在综合协调推进。有了总体思路也找到了实现途径,关键就在于用力去推进,增进执行力。我们知道任何事物都是由内部的矛盾运动向前推进的。推进过程中必须注意两点:一是事物在空间上的系统性,也就是说系统中各个要素都要关注到,各个方面都要协调运动,不能单打一,不能顾此失彼;二是事物在时间上的过程性,即定目标总是要一步一步地前行,一个阶段一个阶段地进取,不能把明天的事放在今天来做,也不能只做今天的事不想明天,阶段是不可超越的,急进就会欲速则不达。综合协调推进就是处理好空间上各要素的关系和时间上各阶段的关系,这样才能取得成功。成功的结果就会饱尝到领导文明的喜悦。协调推进的工作部署要突出重点兼顾各方,体现出弹钢琴式的工作方法。

5. 关于领导文明善在化解突出矛盾。现实生活中矛盾无处不在无处不有，从积极方面讲，矛盾可以推动事物的进步。但是矛盾着的具体内容如果成为制约事物发展的因素，那就要排除，就要化解，就要缓冲，以保证事物的正常运行。化解矛盾的目的在于凝聚起积极因素和先进力量，因此把突出矛盾化解在萌芽之中则是对领导文明的要求。在这方面，处理好改革、发展和稳定的关系是化解突出矛盾之首，因为这三者的关系是事关大局的矛盾。在这个问题上我曾总结了一个闹事单位的教训，提出了"五个判断（详见领导文明之五种选读文章第四篇）"的观点。要把改革的力度、发展的速度和职工承受的程度结合起来，然而如何判断职工的承受程度则是关键点。五个判断就是这样产生出来了。"研究下岗不如研究市场"的名言，是我对下岗职工极易引发矛盾的平衡化解之策。我说"化解矛盾，贵在善意"，不能恶意对待矛盾中的各方。有的员工不理解企业改制等举措，只能善意引导不能压服，更不能治服等等。思想只能引导，行为则要规范，不能强制思想而要用制度规范行为，矛盾再突出也不能转化为行为矛盾，产生振荡。我在处理海外劳务工人闹事问题时讲到："国家形象是第一形象，行为越轨要受到惩罚"；"海外劳务人员是中华民族兄弟，要满怀深情对待。"这样两句话既在行为上严肃了纪律，又在感情上得到理解，矛盾化解了。

6. 关于领导文明艺在领导方法创新。领导方法在领导文明中是很有现实主义的内容。办法是办成事的"秘方"，这在领导原则、事项内容、外部环境等方面都大致雷同的情况下，更有许多事例告诉我们，事情成败在于方法是否得当。从我的感受中有这样三个观点是有利于实现领导方法创新的。

一是，动机与效果相统一的观点。文明领导要办的任何事情，从机动上讲没有什么可怀疑的（当然个别现象例外），然而办事效果却不大一样。我们不能认为动机好就可得到好效果，必须靠好方法才能得到好效果。方法不当使好事办不成的例子太多了，更有一句民间名言：即"好心不得好报"，更深刻地告诉我们方法问题的重要性了。好心是讲办一件事的动机，但方法不妥却招来了麻烦、怨气，甚至是漫骂。然而心怀不良的则在"方法"上千方百计地塑造，耍花招搞骗术，一时得逞使其目的达到，好心者则不理解为什么"好心不得好报"，道理十分简单，就是方法不当。方法问题不可轻视了之。

二是，从群众中来到群众中去的观点，这是毛主席讲得最深入浅出的群众观了。问题在于如何从群众中来，又如何到群众中去。显然从群众中来是关键。把握这个关键重要的是能从群众的实践中发现代表前进方向的新生事物，哪怕是处在萌芽之中的。发现了就要抓住它，解剖麻雀，悟出道理，育成典型，指导全局。胸中有全局，手中有典型，回到群众中去，发挥典型引路作用，发挥指挥作用，就形成领导力。

三是，唯物论辩证法是一切领导方法创新的基本观点。唯心论，形而上学，不会有好的方法，一定是主观臆断，脱离实际；一叶障目，不见泰山。坚持唯物论辩证法一定会有好方法，因为是从实际出发看问题，想办法，这就会更全面反映事物的本身面貌。我在人才问题上论述过这样一些观点充满了唯物辩证法：即"强企靠人才、人才靠凝聚、凝聚靠激活、激活靠机制、机制靠制度、制度靠落实"，这是人才工作的基本理念。特别是我用"蹲苗与助苗、相马与赛马、金条与老虎"等辩证的思想，表现出了人才资源作为第一资源的工作艺术。

7. 关于领导文明成在领导班子文明。 领导文明要靠一个领导集体一个领导团队的整体文明来形成。领导班子有"班长"、有成员，成员有综合协调型的，也有专业突出型的；有年龄大的，也有年纪轻的；有经历相同的，也有经历不同的等等，只要是一个结构合理的班子，大家都把长处发挥出来，形成对事物的共识，形成推进的合力，就会展现出一个领导有力的文明状态。如果团队不文明了，当然也就失去了领导文明，这个是最为深刻的教训。不文明的班子表现种种。恐怕思想路线不清，政治路线不明；战略目标不清，发展阶段不明；大局之事不清，要紧之事不明是头等的不文明了。恐怕作风不扎实，班子不团结，出力不协调也是相当的不文明了。恐怕，"班长"主观武断，霸气冲天，成员人云亦云，不持公正，严重脱离群众，脱离实际，脱离民主，更是不文明的了。因此我在企业领导班子中工作十一个年头，讲班子建设的不少，讲干部队伍建设和纪检监察工作的也不少，无论讲什么都在努力突出领导班子建设问题。

8. 关于领导文明兴在领导班子成员文明。这是一个不言而喻的命题，就是说领导文明的基础、领导文明的实现、领导文明的兴旺都在于各级领导岗位上的领导班子成员的文明，层次越高这个道理越鲜明。领导班子成员不文明，领导班子难以文明，它的领导能力和行为就肯定不会文明，由此所领导的事业就会失去前进的力量，就会出现"成事不足、败事有余"的局面。

领导班子成员的文明修炼应是各方面的，我想概括起来大致有：①理论武装的修炼；②把握全局的修炼；③品德素养的修炼；④思维方式的修炼；⑤不断创新的修炼；⑥语言风格的修炼等等。

所谓①理论武装修炼，这是解决领导文明的指导思想和领导思路的基本修炼。有了学习的积累，有了知识的武装，善于实践——认识——再实践——再认识，理论修炼就会越有功效。我在项目生产力理论和项目管理实践的反复总结中，不能不说对提高我们建筑行业的领导水平起到了十分重要的理论指导作用。理论不清，实践不明，领导失误，何谈领导文明。

所谓②把握全局修炼，这是对一个主要领导者的必然的能力要求，没有把握全局的能力何称主要领导。作为主要领导修炼驾御大局的能力是最重要的，这里决策能力、推动能力和协调能力是提高驾御大局能力的三大帮手。决策能力是第一位的。强化决策能力的障碍是处理不好授权关系，也就是说主要领导要做主要领导的事情。周恩来同志说："毛泽东同志领导中国革命战争，在战略领导上抓的很紧，在战役的组织和战术的运用上就交给下面去办，因为他们最了解具体情况，只有充分发挥干部和群众的积极性和创造性才能打胜仗。打仗是这样、建设也是这样。"因此不管哪一级负责人，只要他主持一个单位、一个部门工作，他的主要精力、工作的主要方面都必须集中在战略运筹——即决策上，否则这个单位和部门就不会有大的跃动，或者误入歧途。没有"目中无人"、"目中无事"的超脱，就没有正确的战略决策。陈云同志讲"多谋才能善断"。没有多谋的时间和精力，难有决策的科学。现在许多领导者分不清也不去分什么是战略运筹的事情，什么是战术操作的事情，把一些属于下级战术操作的"大事"列到自己的日程上来，这就会"事积如山"、"乐此不疲"。

所谓③品德素养修炼，是对人格和品质的修炼。实际上就是要"修心"，"做人"、"做事"、"做官"要先"做人"才会有"做官"的品德。如一心想做官就会违背做人的人格，打击他人，抬高自己，搞形式业绩，编虚假数字等。这就是不正确的人生观、价值观和世界观，必然导致不正确的政绩观。做什么事情首先与当官连在一起，利于"政绩"，积极去做，不利者则缺乏热情，甚至推托了之。一个单位的领导忠诚于事业，忠诚于单位，忠诚于员工是其基本的品德。当前在领导者的领导过程中如何对待员工，往往是对自我品德的检验。如，对员工（包括下属）的话如何听？我有一篇文章叫做"打折与加倍"（第八要义中选读文章之十五篇，著者注），即听好话、恭维话要打折，对批评的话要加倍。如果是好话多于意见，甚至很少听到对你的批评，那么你肯定出了毛病，品德受到了挑战。其一，你不愿意，至少是不大愿意听不同意见，因此，别人不敢或不屑向你进言。其二，你愿意听别人的恭维，至少是不反感。因此别有目的、道德品质不健康的人就趁你不备，在你面前讨好，同时败坏别人。其三，你可能霸道，至少是主观上愿意自以为是，愿意自己说了算。因此，别人就只好听着，不再说什么。如果你对讲好话的胜于提意见的，那就说明你的思想意识已不健康，会脱离群众，脱离领导集体，搞不好甚至会成为孤家寡人。

所谓④思维方式修炼，就是认识客观事物的思维方法。通常我们讲的坚持马克思主义唯物论的认识论就是解决这个问题的。领导要处理许多事情，对客观的事物怎么样认识分析，从思维方式上讲，不能"凡是"论，而应"求是"论，也不能搞"非此即彼"。我主张用"亦此亦彼"的思维方式。因为客观事物多半是"混合"存在的，例如对待"人"，一般说来既有先进的因素，又有落后的因素，不能从一个方面把人看死；任何事物既有积极的一面，又会有消极的一面，我讲述"一分为二"分析问题，"一分为三"处理问题，就是这种思维方式锻炼的处事规律。

所谓⑤不断创新修炼。这是领导方法的艺术问题，也称领导艺术。从实际情况出发，我领悟到了把学习理论和实际结合起来是不断创新的源泉。"结合"二字是其创新的思想基础。我已在"马克思主义基本原理只有同中国革命实际相结合"的论断中感悟到了"结合"二字的含金量。尤其是1985年我第一次在中央党校学习《资本论》时，是"直接结合"四个字打开了我理解马克思主义生产力理论的"天窗"（马克思讲到，凡要进行社会生产就必须实现劳动者和生产资料的直接结合，劳动者和生产资料在彼此分离的情况下，只能是可能性的生产要素……）。今天在学习理解与时俱进的理论品质时，再次领悟"结合"问题很感深切。实际上，无论是理论和实践，也无论是宏观还是微观，"结合"问题始终在理论、实践、宏观、微观事物的演进过程中发挥着桥梁作用、纽带作用、融合作用,从而发挥着解放思想、实事求是、与时俱进这一精髓的创新作用。

首先,"结合"是基本经验。胡锦涛总书记指出,要从马克思主义基本原理同中国具体实际相结合的历史发展中深刻认识学习贯彻"三个代表"重要思想的重大意义。马克思主义基本原理同中国具体实际相结合,实质上就是实现马克思主义的理论化、具体化、时代化,使之具有中国特点、中国特征、中国风格和中国气派。毛泽东同志把这种"结合"称为党领导革命必须解决的"第一个重要问题"。邓小平同志把这种"结合"称为"吃了苦头总结出来的经验"。江泽民同志把这种"结合"称为我们党多年来最基本的经验。

其次,"结合"是辩证思维。在当前的社会发展中,多项事物相互交叉,就是一项事物也是前后相融,你中有我,我中有你,事物的多元化成为发展趋势。所以必须坚持辩证唯物主义的认识论,思维方式不能僵化,不能绝对化,不能片面化,也不能简单化,一定要把"凡是论"转变为"求是论",从"非此即彼"转变为"亦此亦彼"的思维方式,坚持一分为二分析问题,寻求"一分为三"(三即为结合之路)解决问题。

再次,"结合"是途径和方法。正如《三个代表重要思想学习纲要》所要求的"各级领导干部要紧密结合国内外形势的发展变化,紧密结合生产力发展和经济体制的深刻变革,紧密结合人民群众对提高物质文化生活的要求,紧密结合党员干部队伍的重大变化……坚持从实际出发,把中央的方针政策同本地区本部门的实际结合起来,把需要和可能结合起来,把开拓进取和求真务实结合起来,把工作热情和科学态度结合起来,创造性地开展工作,使各项工作更切合实际更富有成效。"

总之,"结合"作为经验、思维、途径和方法,是对过去成功的继承,是对实践新经验的吸取,因此是与时俱进的思想创新、理论创新和实践创新。可见,结合问题十分重要。然而如何"结合好"是很不容易的。因此在实际工作中如何积极思考结合、努力寻求实际"结合点",就成为领导方法创新的"法宝"。

所谓⑥语言风格修炼。凡领导者必然要讲话。讲话就有个语言风格问题。如何增加语言的感染力应成为每一位领导者修炼的文明要求。我是一位十分注重讲话语言的领导者,当然语言不能离开思想,有思想才能有语言,语言只不过是思想的表述。从表述这个层面,我体会应从五个方面加以修炼。一是要让听者听得明白。让人听明白是讲话人的最低要求,一定要用普通话,要讲明要点,要有适当语速,要有逻辑顺序,讲明白做到了,听明白就实现了。二是要让听者听得入耳。入耳就是能听得进去。只要听者不烦躁,不逆反,不倒胃口就称听得进了。因此讲话就要选好主题,是听者需要的内容,只要这个内容是关系到听者的,就可以取得语言入耳的效果。千万不要搞对牛弹琴之语。三是要让听者听得入脑。入脑比入耳的要求高了些,不但要让听者入耳还要让他入脑而思。讲话就要注重理性观点的提炼和实践论述的分析,从多个角度来详尽阐述观点和主张。做到讲话观点鲜明,分析问题透彻;虚实并举,远近并重,大小互动;把大事说小,以小见大;把实事说虚,以虚见实;把远事说近,以近看远。这样就会使你的讲话入到听者"脑"中。四是要让听者听得入胜。如果讲时鸦雀无声,讲完掌声雷动,这就是说你的讲话听得入神引人入胜了。入胜就是引入了一种境界,听者认可了你讲的道理,破解了他困惑的东西,激发了他产生行为的激情。不但形成了记忆,还产生了实践感,达到这样的感染力是最为成功的讲话,其语言风格一定是发挥了相当的作用。其一,语言要有声有色,语调起伏动听,语速入耳入脑;其二,双目面向听众,交流互动,入情入理入实,提出听者想的问题,再解答这个问题,形成共鸣;其三,肢体语言配合恰当,手势动作不可无,但也不能每句话都打手势，肢体语言要在关键处发挥作用。这里必须指出读稿式讲话无论如何也产生不了引人入胜的效果，因此，一定要不读稿。五是要让听者听得轻松。有一次我主持一个会议，一位领导讲话是甘肃方言用讲故事的方式给会议讲话，可惜大家都听不懂。与会者心里想，看主持人张书记怎么评价？我急中生智，我说："虽然我没有对故事的深刻理解，但我知道凡是能用讲故事的方式来点拨工作的那是高人！"全场响起笑声掌声，讲话人也为之感动，起立鞠躬致谢。这就是幽默在起作用。幽默比语言技巧更有效果。怎样幽默？不能故弄玄虚，不能笑话连篇，不能偏离主题。幽默要自然、要形象、要浅出、要易懂。

结束语：

领导文明八大要义一个灵魂——思想方法

前面无论领导文明八大要义的哪一个要义，无不在透视出一个最为基本的问题，这个问题用一句话来表述，就是：**领导文明呼唤思想方法，思想方法来自思维方式。**这是八大要义的灵魂。"想"问题的方法不对头，任何的领导活动都会不文明。书中引入选读文章，意在领会思路。文章内容并不重要，关键是从中领悟到，当时为什么那样去看问题，去思考问题。假如你是当时那个岗位的领导者，你会如何思考这类问题，又如何处理这类问题呢？要想领导好某项活动，最为重要的是要把领导思路搞对头，也就是说要把"想"问题，即思维方式问题搞对头。党的解放思想、实事求是之所以称之为党的思想路线就是这个原因。有正确的思维方式，才会有正确的思想方法，这是对领导文明的根本支撑，也是八大要义的灵魂。因此思维方式和思想方法是每一位领导者实现领导文明的必修课。

　　思想方法究其根源，则是关系到马克思主义的世界观、方法论的问题，也就是如何坚持用马克思主义的基本立场、观点和方法，如何坚持三个代表重要思想与时俱进的理论品质，来认识问题、思考问题、判断问题和处理问题。何为根本立场——就是观察事物、处理问题的根本价值标准。过去有一句话很是记忆犹新：是站在无产阶级立场上还是站在资产阶级立场上，这最能反映根本立场的不同。立场不同看事物就会不同，我用一个这样的事例来表述。大家知道，体育就是体育，但是政治家看体育，体育就是政治；军事家看体育，体育就是军事；经济学家看体育，体育就是经济；企业家看体育，体育就是企业文化等等。可见不同的立场就有不同的价值标准。这就是说一定要站在执政党执政为民的共产党员的立场上，站在大多数人的立场上，不是站在小集团、少数人，甚至个人的立场上。有了正确的立场，无论担当什么岗位的领导职务，都能够有文明领导的活动，这是首要的关键的。何为观点——就是从一定的立场出发，对事物或问题形成的基本判断和基本看法。何为方法——就是辩证唯物主义和历史唯物主义的科学方法。有了前者的正确立场，后者的观点和方法就不会有大的偏差。这种立场、观点和方法集中起来就是坚持一切从实际出发。只有从此出发，才能禁忌影响正确的思想方法的九种现象。九种禁忌分别是：

　　之一是禁忌唯心主义、主观臆断、想当然判断事物；

　　之二是禁忌偏听偏信，被假信息左右，片面地看待事物；

　　之三是禁忌经验主义，把一时一事的经验上升为不顾环境变化的一般性原则，照搬似地处理事物；

　　之四是禁忌感情用事，情绪代替理性，简单冲动地处理事物；

　　之五是禁忌排斥不同意见，听不进逆耳之音，"顺耳"地判断事物；

之六是禁忌本本主义，唯书唯上，脱离实情实际，"凡是"地看待事物；

之七是禁忌把现象当本质，把支流当主流，草率地判断事物；

之八是禁忌坐井观天，目光停滞，局部而固化地看待事物；

之九是禁忌急功近利，政绩为官，做事为做秀，唯官地对待事物。

九种禁忌发生之一就会出现思想方法的偏差，如再有之一，之二，之三……的同时叠加，那就会使领导活动走向邪路而出现重大失误，甚至造成难以挽回的重大影响和重大损失。例如，如果是之二的偏听偏信，再加上之四的感情代替理性，简单冲动地决定事项，一定会闹出笑话，甚至闹出乱子。值得点击的是在这九种禁忌中"老九"最为可怕。因为是从根本立场上发生错误，一切站在"利己"的立场上，一定会出现若干不文明的思想方法。从根子上说，这是世界观、价值观、人生观发生了偏差，因而政绩观出现偏差，"做人"、"做事"、"做官"的顺序就会颠倒过来，为"做官"而选择事情去做秀，这是产生十分恶劣的不文明领导的思想根源。

第一要义：领导文明贵在认识客观规律

如前所述，如能对建筑业实施领导文明，就必须认识建筑业的客观规律。我体会有两大规律对于把握建筑行业的改革与发展是十分重要的。一是建筑业与国民经济发展相适应的规律；二是建筑业生产关系与项目生产力相适应的规律。如何认识这两大规律，我认为要从对历史地回顾中来认识。

历史回顾更多的是从违背两大规律的历史教训中去思考和认识应遵循的客观规律。历史是一面镜子，回顾就是用镜子照一照，我们每一位领导者都应该常照照镜子。

1987年是我思考建筑施工行业全面改革的年份时点，从1987年当时的历史方位出发，深入地回顾历史，总结经验教训，对深刻认识建筑业的两大规律奠定了一定的思想基础。其中回顾之一是中国建筑施工行业的发展过程，回顾之二是我国建筑施工管理体制沿革，回顾之三是我国建筑施工行业演进的四点启示。这些历史回顾诸多教训极为深刻地告诉我们违背了建筑业的经济规律和生产力规律所受到的惩罚是多么地惊人。

历史回顾之一：新中国建筑施工行业的发展过程

（一）从1949年新中国成立到1957年"一五"计划完成，

是我国施工队伍的初创阶段

新中国成立以后,随着国防、经济、文化建设的不断增加以及人民生活的逐步提高,对工业和民用建筑的需求与日俱增,建设规模相应扩大,使旧中国遗留的濒于崩溃的营造也开始复苏。到1952年,施工队伍由1949的20万人增加到约105万人,成为施工队伍发展史上的第一个里程碑。这支队伍绝大多数是由分散的个体劳动者组织起来的,其中,相当一部分人聚集在私营营造厂中。

从1952年开始,对私营营造业进行社会主义改造,逐步实行公有制,相继组建国营建筑企业和集体建筑合作社,到1956年即全面完成。与此同时,中央工业、交通各部门和各地区的主要城市都相继组建了全民所有制的国营施工企业,各地城镇集体所有制的建筑合作社也把分散流动的建筑工人组织起来形成了较为稳定的施工队伍。特别是1952年8月中央人民政府政务院和中央军委决定,将中国人民解放军8个陆军师集体转业,改组为国营施工企业,承担国家重点工程和工业基地的建设任务,更增强了施工队伍的实力。到1956年底全国全民所有制和城镇集体所有制施工企业职工达到426.2万人,占全国职工总数的14.2%,其中全民所有制施工企业人数为300.2万人,集体所有制为126万人,分别占全国全民和集体职工总数的12.3%和22.7%。这是施工队伍发展史上的第二个里程碑。

(二)从1958~1966年,是我国施工队伍膨胀和调整时期

1958年的"大跃进"浪潮,使基本建设投资额成倍增加,施工队伍也相应地急剧膨胀。这一年国营施工队伍人数从1956年的300万人猛增到640万人,这一增长势头一直保持了三年,到1960年,全国国营施工队伍总人数已达693万人。这是国营队伍发展的高峰期。

60年代初,中央提出了对国民经济进行"调整、巩固、充实、提高"的方针，决定缩短基本建设战线，减少预算内投资，停建缓建限额以上工程项目。与此相适应，从1961年开始，采取了下方中央各部所属国营施工企业和精简固定职工的措施。当年，国营施工队伍的职工人数从1960年的693万人缩减到397万人，其中约有10万人转入集体施工企业。1962年再次精简压缩152万人，其中有7万人转入集体企业，使国营队伍缩减到245万人。两年内全国国营施工队伍一共转、减448万人，约为1960年的2/3左右。

（三）十年动乱期间，施工队伍建设受到严重损害

从1964年开始并持续了近十年的大规模三线建设，使国营施工队伍有近100万人从沿海调到内地，从城市调到山区。支援三线建设的广大建筑职工克服施工项目地点偏僻、生活条件艰苦、施工环境很差和"文化大革命"带来的干扰破坏，坚守岗位，不畏艰险，较好地完成了各项施工任务。

1966年8月，从国务院各部门所属施工队伍中整编而成的基建工程兵正式成立。这只"劳武结合，能工能战，以工为主"的部队，在人数最多的高峰时期达到49万多人，大部分也参加了内地建设。

但就全国情况来说，十年动乱使施工队伍建设受到严重损害。不少施工企业内部形成两派，相互打派仗，严重影响了职工队伍内部的团结。固定工、合同工、临时工相结合的用工制度被否定，一大批家居农村的合同工、临时工陆续转为固定职工。到1971年全国全民所有制施工企业在没有新招收固定职工的情况下，骤增了几十万转正的临时工、合同工，造成了队伍缺乏弹性和企业拖累过多的严重后果。

（四）1976年10月，粉碎"四人帮"后，特别是党的十一届三中全会以来，施工队伍进入全面建设，整顿和改革阶段

随着全国性的拨乱反正工作的进行和工作重点转移到经济建

设上来,在全国施工企业中开展了全面建设性整顿工作。这次整顿有效地促进了企业管理水平和队伍素质的提高。各地的整顿工作首先是从创全优工程活动开始的,大力扭转工期长、质量差、亏损严重的混乱局面。全国相继成立了四个竞赛区,开展了创全优竞赛活动。这个活动推动了各项管理工作的改善,加上其他工作协同进行,使施工队伍的面貌很快发生了重大变化。

随着改革的展开与深入,施工队伍有了新的发展。特别是城镇集体施工队伍和农村建筑队发展迅速。据统计,1976年以来,城镇集体施工队伍的人数每年都以10%以上的比例增长;进入80年代后农村建筑队每年以百万人的规模增长。这两支队伍的发展,使施工企业所有制结构发生了变化,全民所有制施工企业、城镇集体施工企业和农村建筑队在人数上的比重从1980年的49%、17%和34%,变化为1988年的34%、22%和44%,形成了三种施工力量并存的新格局。

(五) 1984年承包制进入竞争发展时期

基本建设工程的招标承包,首先是在广东深圳经济特区开始的。1980年,中国决定兴办深圳经济特区,较大规模的基本建设任务吸引了北京、上海、天津、江苏、湖南、辽宁、吉林、四川、福建等外省市施工队伍10万余人,香港几家建筑装饰公司也加入了这个行列,到1984年底,形成了132个企业、13万多人的施工力量。深圳特区建筑施工力量的集结为招标承包竞争创造了良好的条件。1981年特区开始实行招标承包制,第一个招标工程是国际商业大厦,由冶金部第一冶金建设公司中标承建。试行结果,工期缩短8个月,工程造价节省22%,工程质量优良。招标承包制的推行,促使施工企业加强管理,提高管理水平和技术水平,增强竞争能力。由中国建筑第三工程局一公司承包的国际贸易大厦,地上50层,结构工程施工工期平均五天一层,最快三天一层,成为当时国内"最高的楼宇、最快的速度"。到1984年深圳市已有90%的建筑工程实行了招标承包。

深圳的经验在全国引起了强烈的反响，全国各地和各个部门都先后开展了招标投标。招标工程已有一般民用建筑项目发展到工业、交通项目，由本地区、本部门的招标发展到跨部门、跨地区招标。根据国家统计局统计，1985年全国实行招标的单位工程由1984年的3074项发展到10514项，占全部施工的单位工程比重由1.9%上升到7.25%；实行招标的房屋建筑面积由708万平方米发展到2500万平方米，比重由4.4%上升到13.6%。全国招标承包面虽然还不大，但其效果已很明显，一是表现在工程投资节省、工期缩短上。据对煤炭、水电、化工、铁道、交通、石化、有色等7个部门调查，进行招标的234项工程，节约投资4.3亿元，占设计概算的12.5%，工期也比计划工期提前。中国有色金属工业总公司实行招标的190项工程，节省投资5000万元，中标工期比计划工期提前了20%~30%。二是表现在企业经营管理明显改善、竞争力增强上。1984年全国有575个施工企业参加投标，1985年发展到900个，占全部企业的比重由20.5%上升到28%。参加投标的企业普遍注意精打细算，合理投入。如水电系统第一个实行跨行业、跨地区公开招标的浙江石塘水电站，有水电部两个直属工程局，江西、河北、湖南、云南四省的水电工程局和中国建筑第五工程局等7家企业参加投标，竞争激烈。开标结果，水电部第十二工程局因施工方案合理、施工设备费用少、报价低而中标。

中国的招标承包工作尚处于起步阶段，有关的法规还不健全，有些部门和地区仍习惯于用行政手段分配施工任务，有些建设单位仍习惯于施工准备不足就盲目开工铺摊子，不愿按招标投标程序办事，有些国营施工企业包袱大、包袱重，缺乏竞争能力，也不愿承担投标风险。对于这些问题，中国主管基本建设工作的部门正在采取措施逐步解决，以推进这项改革的深入开展。

在对外开放政策的指引下,中国一些利用国外资金的工程建设项目,采取了国际招标的方式。云南鲁布革水电站引水系统工程是实行国际招标的比较大的一项工程。这项工程由水电部委托中国技术进出口公司在国际范围内进行招标。1982年开始进行招标准备,1983年11月公开开标,1984年4月评标结束,同年7月31日正式开工兴建。参加投标的共有13个国家的32家承包商,经过资格预审等程序的筛选,有7家承包商正式取得了投标资格,最后由日本大成建设株式会社以先进合理的技术和管理优势获胜。中标标价比标底降低43%。

该公司在组织现场施工时,采取了一些比较科学的管理方法和先进适用的施工技术,收到了效率高、消耗低、投资省的效果。他们的主要经验,一是工程现场施工按管理层和作业层两个层次进行,管理层由日本大成公司派出的30多人组成,人员精干,作业层就地招聘中国的劳务人员,按工程进度随时增减,做到用人少,效率高;二是注重投入产出,把效益观念和追求低成本的意识渗透到每一个环节;三是工资和奖金的分配同完成实物工程量紧密挂钩,起到了奖勤罚懒的作用。他们的这些做法对中国的施工企业很有启发。

在开展国际招标的同时,中国对外承包事业获得了新的发展,到1985年底,从事对外承包工程和劳务合作的公司已有65家,先后在88个国家和地区签订了2900多项合同,总金额达51亿美元,已完成的营业额为25亿美元。其中"六五"计划期间成交合同额48.84亿美元,平均年增长62%。完成营业额24亿美元,创汇5.7亿美元。1984年是对外成交额最高的一年,达17.3亿美元,比1983年增长88%。1985年在国际工程承包市场不景气的情况下,中国合同成交额仍达到12亿美元,完成营业额9亿美元,比1984年增长44.3%。1985年在国外参加建设的职工人数达6万人,比1984年增长了25.5%。

第一要义：领导文明贵在认识客观规律

历史回顾之二：我国建筑施工管理体制的沿革

我国施工队伍已从解放初期1949年的20万人、1952年的105万人，发展到1986年的1800万人，其中国营施工企业3608个，职工617万人。这617万人的全民所有制企业，作为全国施工企业的主体，其管理形式和经营方式经过了30余年的变革，当前的大体情况是：

第一，国营施工企业的管理形式仍然是行政化的管理体制

30多年来这种政企不分的格局没有变化。国营施工企业从问世那一天起就是按照部门原则和地区原则而建立和发展起来的。既有国务院各部门直属的施工企业，又有省、直辖市、自治区直属的施工企业；既有地市直属的，又有县市直属的施工企业，形成了与政府序列相一致的层次。到1986年底，国务院各部门直属的施工企业仍在250万人的规模以上，既有水电、煤炭、石油等能源方面的施工企业，又有铁道、交通等运输方面的施工企业；既有冶金、化工、建材等原材料方面的施工企业，又有轻纺、建工、机械、军工等一般工业与民用建筑方面的施工企业，形成了与行政部门相一致的条条管理。到1986年底，水电系统有66万人，铁道系统62万人，冶金系统43万人，煤炭系统35万人。交通系统、有色系统、农牧渔业系统都接近20万人，石油、化工系统也都在10万人以上。这些专业部门的施工企业已占全国国营施工队伍的56%，其余44%为城乡建设系统的队伍。这种多部门、多层次的管理形式，早在50年代就已形成，其间虽有几次变革，也只是在归谁管的隶属关系上划来划去，下去上来、上来下去。因而只是隶属于哪个层次或哪个部门的企业个数和人数的数量上的变化，而行政化管理的实质并没有改革。

第二，国营施工企业的经营方式有所变革，但仍是在行政化管理体制下的局部变化

自1950年开始，中央各工业交通部门的施工企业多采用

"内包"的经营方式。从1952年中央人民政府决定成立建筑工程部，并以中国人民解放军转业的8个师为基础组成一批独立的建筑施工队伍之后，"外包"的经营方式有了发展，30多年来，"内包"和"外包"这两种经营方式并存的局面也没有根本的变化，虽然近几年"内包"式正在向"外包"演变，但由于部门时的条条管理体制没有根本改变，因而这种演变的深度和广度都很有局限。

国营施工企业的经营方式经历了曲折发展和循序渐进的过程。

——"一五"计划期间的承发包制。这种经营方式基本上是甲、乙双方按承发包合同的规定，履行各自的责任、权利和义务，共同对建设项目负责。但施工企业的利润全部上交，盈亏由国家统负。

——1958年"大跃进"以后的经常费制。这种制度取代了承发包制，施工企业的人工工资、管理费和施工津贴等均由国家财政直接拨款，同施工企业的经济效益完全脱钩。

——1973年以后的取费制。1973年1月31日，当时的国家建委、计委和财政部联合发出了《关于改革经常费办法，实行取费制度的通知》，规定施工企业的工资和管理费按完成建筑安装工作量的26%收取，不再由国家财政直接拨款。这种方式对于经常费制来说是一种进步。

——1980年开始的"扩权形式"。即扩大国营施工企业的经营自主权。1980年4月7日，国家建委和财政部批复发布了上海市人民政府《关于上海市建工局实行全行业利润留成的报告》，确定以1978年上交利润为基数，三年不变，利润增长部分上交20%，自留80%。同年5月4日国家建委、计委、财政部、劳动总局和物资总局联合发布了《关于扩大国营施工企业经营管理自主权有关问题的暂行规定》，确定国营施工企业实现的利润按

第一要义：领导文明贵在认识客观规律

"五五"分成，超额部分"二八"分成。这一措施有效地调动了施工企业的积极性，增强了企业的活力。至1983年改行上交所得税制度。

这期间，在施工企业同建设单位的经济关系上，实行了多种形式的承包责任制，按照工程项目划分，大体有三种形式：即工业交通工程项目，一般实行按施工图预算加系数包干；也有的按设计概算包干；一般民用建筑工程，实行按平方米造价包干；城镇住宅小区实行综合造价包干等等。

——1984年起步实行的投标承包制。这是把经营机制引入承发包制的一种经营方式；是在国家同施工企业之间的分配关系没有变化的情况下，着重在甲、乙双方之间运行的机制；是由行政手段为主转向经济手段为主的经营方式。这是我国实行社会主义商品经济的经济体制所决定的，是一种竞争性经营方式。

第三，国营施工企业自1979年以来的变革幅度明显大于以往的30年。 可以说到1988年的9年中是国营企业广大职工的竞争观念、效益观念和效率观念得到培育和发展的9年，也是生机最为旺盛的9年。国营施工企业行政化的管理体制有所模糊，单一弱化的经营方式灵活多样了，开放搞活的空气浓厚了，这些变化明显地反映在方兴未艾的四个趋向上。

一是国营施工企业与行政主管部门的关系趋向了松散化。很多部门的直属施工企业相互交叉承担施工任务，面向社会承揽的施工任务已达50%以上，有的已高达70%~80%。企业的行为意识已从过多地注意同自己主管部门的竖向行政关系转向了更加注重同用户的横向经济关系；从过多地注重向本企业的主管部门"报喜"转向了个多注重面向社会的用户评价，这是一种必将进一步发展的趋势。

二是国营施工企业发展横向经济联合趋向社会化。不少企业打破了地区与地区、部门与部门、地区与部门之间的行政管理界限，打破了工业生产、交通运输和旅游服务等产业界限，发展了各种横向联合体。同时还出现了国际间的联合体。例如天津市建材局的设计处和建筑公司合并一体组成了新的建设公司，北京建筑工程总公司和日本竹中工务店组成了中日长城工程公司等。

三是国营施工企业内部的管理层次之间趋向分权化，不少企业以划小核算单位为中心内容，从上层逐级往下分权，以此来扩大基层单位的自主权，调动基层单位的积极性。铁道部依据从前两年通过生产力三要素利润定包的形式扩大工程处的权利，进一步使工程处向"企业型"发展。

四是国营施工企业的经营主体趋向多元化。不少企业在扩大基层单位的经营自主权的过程中，实行了"队负盈亏、集体经营"的承包形式，使国营施工企业内部出现了公司和包工队两个层次上的不同经营主体。近来又出现了以单位工程为对象的个人全额承包的新形式，即有些企业在内部实行"面向企业，公开招标、集体所有、个人负责、自负盈亏、自主分配"的方法，承包人有相当程度的干部聘用、劳动管理和分配方面的自主权，使多元化的经营主体向更深层次迈出了一步。

这四个趋向，虽然还不是全国国营施工企业所共有的总体趋向，但这是一种进步的趋向，是使国营施工企业增加生机和活力的明显表现。还应该看到，这种生机和活力更为突出的表现在"鲁布革冲击"所引起的强烈反响上。自从鲁布革水电站饮水系统工程实行国际招标以来，引起了各个方面的关注。国务院领导同志对总结鲁布革的经验，推广鲁布革的经验，特别是对如何深化我国施工管理体制改革都作了非常明确的指示。各级基本建设的管理部门都在积极吸取鲁布革的经验，为全面改革以往的传统管理方式，正在研究制定新的管理办法。铁道部已试行按"项目法"组织施工的十二条标准。有些企业的积极性、自觉性更为可喜。冶金部第十七冶建公司在1986年就选择了两个单位工程，分别进行了按管理层和作业层的方式进行组织施工的尝试。对扬州电厂的210m烟囱，组织了12名的管理班子，作业层选用内部职工206名，采取内部两个层次之间的合同方式。对这个电厂的冷却塔工程，本部组织11人的管理班子，作业层选用江苏海门建筑工人111人，采用作业内部的合同形式。结果，烟囱工程仅用113天完成，创十七冶新纪录；冷却塔用103天完成，比控制工期提前17天，工程质量都达到了优良，做到了安全无事故。这个尝试说明在现阶段既可以采用内部作业层，也可采用外部作业层。中建八局采用这种组织方式在大连九州饭店主体工程上，43000多 m^2 工程量7个月完成，干出了新水平。中建三局正在试行"架子"公司、"地盘"公司的基础上，进一步改善企业内部的运行机制。

历史回顾之三：我国建筑施工行业演进中的四点启示

（一）施工队伍的总量规模随着基建投资的大上大下而被动地大起大落。 这个问题在几次固定资产投资规模陡坡紧缩后更加突出的显露出来，因而解决建筑企业停、待工的问题成为当前治理整顿中一个突出的矛盾。但也不感到陌生，建国以来已曾出现过多次，影响比较大的有三次：

第一次是60年代初的三年困难时期，基建投资由1960年的389亿元减少到1962年的71亿元。

第二次是"文革"初期，由1966年的209亿元减少到1968年的113亿元。

第三次是1981年的调整时期，由1980年的558.7亿元减少到1981年的442.9亿元。

每次都造成了不同程度的施工队伍窝工，而每次都在解决窝工问题上给国家、企业和职工带来了沉重的负担。例如，60年代初的那次压缩，557万人的国有施工队伍两年裁减364万人，其中大部分由国家发给一笔安家费，到农村落户。至今还有不少企业负担着当时下放职工的部分工资。1981年的那次压缩，一是靠建筑企业广开生产门路，自己"打米下锅"；二是由国家财政给予适当的补贴。当时，仅中央财政就拿出了4.4亿元，用于安置部分国务院直属建筑企业的窝工人员。造成这一问题的原因，除去投资规模大起大落的宏观经济失误的因素外，还在于我们的施工体制没有从根本上建立起能适应固定资产投资起落伸缩的机制。

（二）建筑企业的生产要素，按工程项目的高峰需求就位，是企业成为固定建制式的现场型公司，这种生产方式的弊端已很明显。

正如李鹏同志1987年在全国施工工作会议上所指出的，"我们过去施工是拖家带口，工地就是一个大社会，效率不会高，投资也很大。"从国家方面看，投资浪费大，临建费、拆迁费占基建投资的比重增加不少，临建是拆了建，建了拆，成为无效投资。从企业方面看负担重，学校、医院、幼儿园都要办，而且工效低。从职工方面看，生活困难多，住房、退休、职工安排、子女升学、就业等都十分困难。例如水电部葛洲坝工程局共13万人，5万职工，8万家属。建了一座坝，也建了一座城，临建生活设施的规模可想而知，而且市政、民政、福利、文化、教育、卫生等全部由施工企业自己解决，111万平方米的房屋，10几座学校，每年都要有1500万元的费用才能支撑这个"临时城"的简单运转。可见，一个企业按一个项目形成的固定建制式现场型公司对国家、对企业、对职工都是弊多利少的，更重要的是从组织模式上难以适应工程项目的多变性。

我们知道，工程的多变性表现为：项目所在地环境不一，建设规模不一，复杂程度不一，建设周期不已，这就必然导致建筑企业在年度之间的工程任务不会平衡，承建的工程对象也不会划一。这就是说客体变化大,主体就要能适应这种变化,才能在市场调解范围内求得更多的客体与主体的统一,这个主体的变化实质上就是指企业组织结构的调整。

(三) 施工队伍发展中两次重要决策的实质是在寻求队伍总量伸缩机制的建立和企业组织结构调整的途径。

为了解决上述施工队伍发展中的问题,建国以来,曾做过两次重要决策。第一次是1956年中央人民政府作出的关于"固定工和非固定工各办"的决策。1956年中央人民政府财经委员会做出规定,即在建筑工人中招收固定工人应尽量限于技术工人,固定工人的比例只能占40%~50%,其他工人可以采取定期合同制工人和临时工。可惜受"左"的思潮影响,这条正确的方针没有很好地坚持下来。第二次是1960年中共中央作出的关于"工改兵"的决策。1966年国家建委党组向党中央提出:"施工队伍如果继续采取现在这套做法,职工只能进不能出,来一个包一个,队伍平均年龄越来越大,老弱病残越来越多,家属拖累越来越重,时间越拖越长,困难和问题越来越多,看来把施工队伍改为基本建设工程兵,就能从根本上解决这些问题。"这个报告经中央批准后,从1966年2月起计划用3~5年时间将当时的300万国营施工队伍全部改为基建工程兵,谋略通过战士的入伍退役来形成劳动力的循环。这条大决策后因"文革"而没有全面实施。

现在看来,第一条决策的方向是对头的,仍不失为我们思考队伍总量伸缩机制的建立和企业组织结构的调整的历史依据。第二条决策虽然不能再走"工改兵"的路子,但这个问题的提出是很有预见性的,对探索施工企业组织结构调整的改革思路是很有启发的。

(四) 多种用工制度的施行,为建立调节劳动力余缺的机制创造了条件。

党的十一届三中全会以来,伴随着建筑业各项改革的起步与深化，一条由国家包揽施工队伍变为企业自我调剂劳动力的余缺，以从根本上解决施工力量与工程任务失衡的路子正在逐步发育。这就是以"灵活"、"弹性"为特点的多种用工制度。目前全国施工队伍中，国营建筑企业一直稳定在600万人左右，城镇集体队伍也大致稳定在400万人上下，而乡镇施工队伍大幅度上升，达到1400多万人。国营建筑企业中固定工的比例从1979年的94%下降到1988年底的69%，有些建筑企业使用的农民合同工、临时工已占到50%以上，初步增强了建筑企业自我调节劳动力余缺的能力。

在这次解决建筑企业待工中都采取了压缩这部分用工的措施，对缓解施工力量与施工任务失衡的矛盾，起到了积极作用。如，山东省在这方面起步较早，成效也比较显著。1984～1988年固定资产总投资额每年以30%～40%的速度递增，到1988年达到了341亿元人民币，虽然施工队伍总规模发展到130万人，但国营建筑企业只从6.8万人增加到7.8万人，五年只增长12%。一次山东省压缩60亿元人民币投资，队伍窝工近40万人，占总人数的30%，但"弹性"队伍占84%，可调的容量超过了窝工的人数，显示了缓解窝工的优越性。

因此我们说，回顾历史，认真总结经验，对于掌握历史的发展规律是有很好的帮助的。

选读文章之一：

经济增长与投资增长关系

党的十六大向世界宣布了中国13亿多人民的生活总体上达到了小康水平，同时提出了中国要在本世纪头20年，全面建设惠及

第一要义：领导文明贵在认识客观规律

十几亿人口的更高水平的小康社会。这就是建设一个使经济更加发展、民主更加健全、科学更加进步、文化更加繁荣、社会更加和谐、人民生活更加殷实的小康社会，一个更高水平的、更全面的、发展比较均衡的小康社会。

全面建设小康社会，最根本的是坚持以经济建设为中心，不断解放和发展生产力。这就是在优化结构和提高效益的基础上，用大体20年的时间，国内生产总值比2000年翻两番，在前10年全面完成"十五"计划和2010年奋斗目标的基础上，要力争后10年国内生产总值再翻一番。

到2020年实现比2000年翻两番这一目标，在经济总量上这就意味着国内生产总值将从8.9万多亿元人民币增长到35万亿元人民币，按目前汇率折算，将超过4万亿美元，大体相当于目前日本的水平，这使中国的经济总量有可能超越法国、英国、德国，位列世界第三。在人均GDP指标上，意味着人均国内生产总值将从2000年的856美元增长到超过3000美元。

要保证翻两番这一目标的顺利实现，没有一定的速度是不行的，对国民经济的发展速度的要求则是从现在到2020年，国内生产总值应保持年均增长7.2%的速度。这一速度将为建筑业的发展提供十分广阔的前景。如何才能保持7%以上的增长速度？我们知道，投资、消费和出口是拉动经济增长的三驾马车，但是这三驾马车的拉动力是不平衡的。与投资相比，消费增长相对不足，2003年全社会固定资产投资增长已达到26.7%，而社会消费品零售总额增长只有10.9%，投资与消费的差距进一步扩大。这主要与我国农村居民和城市弱势群体收入增长缓慢、社会保证体系不完善、就业压力增大有密切关系。出口的增长受到世界经济、政治形势以及地区局势等一系列因素的影响和制约，具有不稳定性。所以，在三驾马车中固定资产投资是拉动国民经济较快增长的主要动力。

固定资产投资以货币表现的建造和购置固定资产活动的工作量，包括在一定时期内完成的建筑工程、安装工程和设备器具的购置价值，是反映固定资产投资规模、速度、比例关系和使用方向的综合性指标。固定资产投资是一个国家经济和社会发展不可缺少的物质条件。特别是在中国，现阶段还是以投资作为经济发展主导因素的发展中国家，发展处于投资推动型阶段，固定资产投资在实现发展目标的作用十分明显和有效。

固定资产投资规模与国内生产总值增长之间具有很强的相关性。通过对多年来的比例关系的研究分析，从增长的合理关系看，国内生产总值每增长1%，固定资产投资应相应增长1.5%~2%。按照这一公司，投资增幅如果低于1.5%，经济增长动力就显不足，而高于2%，如连续几年就会出现经济过热的苗头。

从规模关系看，若要保持7%以上的增长速度，固定资产投资率则需要保持在30%以上。但如果超过40%也同样会出现经济过热的问题。这两组关系已经被历史经验反复所证明。固定资产投资率通常使用的计算方式是：投资率＝（全社会固定资产投资/国内生产总值）×100%。根据这一公式，我国1984年至1988年的投资率约为31%，1992年至1996年为35%，1998年至2000年都在35%以上。

2001年国内生产总值为95933亿元人民币，按可比价格计算，比上年增长7.3%。全社会固定资产投资36898亿元人民币，比上年增长12.1%，固定资产投资率是39%。这说明经济增长在合理的范围。

2002年国内生产总值跃上10万亿元人民币的新台阶，达到102398亿元人民币，按可比价格计算，比上年增长8%。全社会固定资产投资43202亿元人民币，比上年增长16.1%，固定资产投资率是41%。按照判断经济增长是否合理的两组关系，可以看出固定资产的增长已经高于2%，固定资产投资率也超过40%，这说明经济增长已经到达合理区间的上限。

2003年国内生产总值116694亿元人民币，按可比价格计算，比上年增长9.1%，全社会固定资产投资55118亿元，比上年增长26.7%，固定资产投资率是47%。从投资增长与GDP增长的两条曲线看，投资增长曲线已明显"翘尾巴"，大大越过了18.2%的合理区间的高值，固定资产投资增长过快，增长幅度过高，是种超常规增长，这不仅说明经济增长已经出现过热的现象，而且投资每增长1%，GDP的增长却只有0.4%左右，说明了固定资产投资的总效率出现下降的趋势。

上述数字说明了经济增长与投资增长的关系。而固定资产投资的长期高速增长直接决定建筑市场规模的不断扩大，这样我们建筑业就成了经济增长最大的受益者了。固定资产投资中主要包括这样几个部分：基本建设投资、更新改造投资、房地产开发投资、固定资产投资及其他投资。投资总量决定建筑市场产值总量，建筑企业就可以据此研究制定自己的发展战略和速度了。

选读文章之二：

关于项目法的生产理论

我们知道按照马克思主义政治经济学的生产力理论，判断生产力水平高低主要是看构成生产力的要素，即劳动者和生产资料相结合的程度。结合的程度一是取决于生产力各要素自身的素质；二是取决于各生产要素相互结合的先进技术和科学管理水平。结合得越紧，生产力水平越高；反之生产力水平就越低。马克思在《资本论》中指出："不论生产的社会形式如何，劳动者和生产资料始终是生产的要素。但是二者在彼此分离的情况下，只在可能性上是生产要素。凡要进行生产，就必须使他们结合起来。实行这种结合的特殊方式和方法是社会结构区分为各个不同的经济时期。"根据这个理论，我们对社会主义初级阶段的建筑生产力状况进行再认识。

首先，从社会生产力的角度看我国建筑生产力的状况。我国目前整个社会的生产力状况是处在多层次的结构中，对劳动者和生产资料两个要素相结合的技术构成进行分析，可以归纳为四个层次：自动化和半自动化结合形式；一般机械化结合形式；半机械半手工劳动的结合形式；完全手工劳动相结合的形式。国民经济中各部门的生产力状况如何？哪个部门位次偏上，哪个部门位次偏下，是由什么来决定的呢？马克思在《资本论》中又指出："社会劳动生产力在每个特别生产部门的特殊发展，在程度上是不同的，有的高，有的低，与一定量劳动所推动的生产资料是成正比的，或者说是和一定数目的工人在工作日一定的情况下所推动的生产资料成正比。"就是说，从定量的方面讲，主要看三个数字：一是看那个物质生产部门中一名劳动者所占有的生产资料数量；二是看在一定的时间内所推动的生产资料数量；三是看总产值中物化劳动值和活劳动价值的比率。一般说来，我们把工业企业部门的生产力状况作为整个社会生产力水平的代表，那么我们把建筑企业作为一个物质生产部门同工业企业部门来考察比较，就可以对建筑生产力水平有个整体的认识。我们分析了1988年底的99100个全民所有制工业企业的综合情况和3798个建筑企业的综合情况见排序。

由表一计算出的一名劳动者所占有的生产资料、所推动的生产资料以及总产值中物化劳动价值和活劳动价值的比率见排序。

第一要义：领导文明贵在认识客观规律

货币单位：人民币　表一

	企业个数	全体人数（万人）	总产值（亿元）	其中物耗	全体劳动生产率（元/人）	工资总额（亿元人民币）	固定资产（亿元人民币）	
							原值	净值
工业部门	99100	4229	10351	7266	18056	792	8795	6040
建筑安装部门	3798	623.5	737	543	11545	130	455	330

货币单位：人民币　表二

	人均占有固定资产（元/人）	人均占有固定资产净值（元/人）	人均推动生产资料价值（元/人）	人均工资（元/人）	物化劳动与活劳动价值比
工业部门	20796	14283	17183	1873	9.17:1
建筑安装部门	7298	5288	8702	2085	4.16:1

　　从表二中可以看到，建筑企业的一名劳动者所占有的生产资料量为5288元人民币，仅为工业企业一名劳动者所占有的生产资料量14283元人民币的37.02%；建筑企业一名劳动者的生产资料推动量为8702元人民币，是工业企业一名劳动者的生产资料推动量17183元人民币的50.64%；建筑企业一名劳动者投入的活劳动价值为2091元人民币，工业企业一名劳动者投入的活劳动价值为1873元人民币。由此可以得出物化劳动价值和活劳动价值的比率即资本有机构成是：建筑企业4.16:1，工业企业9.17:1，建筑企业为工业企业的45.37%。分析到这，就可以得出一个基本结论，那就是建筑生产力水平低于工业企业的生产力水平，位于整个社会生产力多层次结构中的较低层次上，可以看作为半机械化半手工劳动相结合的第三层次或还低一些，位于工业化大生产和农业手工劳动为主要形式的中间状态。那么，按照生产关系一定要适合生产力状况的基本规律，这一状况就使我们思考建筑企业生产关系方面的改革不同于工业企业，而应当体现自身的特点。就其生产关系中企业组织结构而言，就应当有不同层次的企

业组织形式，而且从量上看，第三个层次要大于第二个层次，第二个层次要大于第一个层次，形成梯形的格局，才能适应于技术构成较低，劳务比重较大的全行业的生产力特点。

其次，从企业生产力角度看我国建筑企业生产力的特点。我们知道，社会生产力是由各个部门生产力水平决定的，而各个部门的生产力又是由各企业的生产力决定的。企业生产力是现实的生产力，企业是劳动者和生产资料相结合的场所，离开这个场所就只能是可能性上的生产要素，形不成现实的生产力。前面讲到我们建筑企业作为国家的一个物质生产部门来考察，同工业企业部门相比，生产力水平是低的。这个高低是由劳动者和生产资料相结合的具体形式在建筑企业里和工业场所里实现的，而我们建筑企业是在流动的场所里实现的。一个固定，一个流动，当然就形成了建筑企业不同于工业企业的企业生产力特点，主要表现为：

一是工程现场的直接结合和远离现场的间接结合。一个施工企业要跨几个地区同时承包工程，约有50％的职工分散在若干个工程现场去直接从事施工生产劳动；而为现场服务的构件加工、运输、维修等辅助生产单位则要在远离现场的一个相对固定的场所里，进行间接性的结合。这就是说劳动者和生产资料真正实现直接结合，形成现实生产力的场所是在工程项目上。抓住这样的一个最为本质的特点，就可以理解我们为什么提出要改变传统的施工方式，转为按"项目法"施工。所谓项目法，就是按承包的工程项目所必需的生产要素来组织劳动者的投入和生产资料的投入，并使这些要素在工程现场得到优化结合、合理的配置，不能再是全企业的大搬家，而要"精兵强将上前线"和"就地使用一般劳务"，因为这样做是组织劳动者的最为合理的投入。那么，是不是可以从这个理论出发，来认识目前试点中按管理层和作业层的方式组织施工的必要性和可能性呢？

二是时间空间上时断时续的结合。劳动者和生产资料投入到工程现场之后,在他们的结合过程中,还不能像工业企业那样,一道工序一道工序的有节奏地进行结合,必然要在工序之间进行两者的转移,一转移两者就暂时分离;也必然在"平行流水、立体交叉"的相互衔接之中发生"暂停"。总之,这是一种间断性生产的特殊方式。认识这一施工生产的特点,在于充分挖掘时间和空间上的潜力,以尽量减少简短的时间和空间,提高劳动者在一定的时间和空间里去推动更多的生产资料,达到提高效率和效益的目的。

三是完全手工和半手工相结合的特点。施工生产单件性强,几乎一个工程一个样,施工工艺多变,不可能像工业企业生产批量产品那样,形成固定的机械化的生产流程。从总体上看,目前施工机械化程度还不高,个别工序例如水平运输、垂直运输和大体积土石方及混凝土工程等,虽然有了很大的提高,但总体上的机械化程度,即机械化完成的建安工作量还不达50%,这是当前建筑生产力的状况的又一显著特征。由此可见,抓住建筑企业现实生产力的上述特征,进行企业内部组织结构的调整,实行两层分离,优化劳动结合,按"项目法"施工,才能适应"分散经营"、"间断性生产"和"非机械化操作"的生产特性,从而促进建筑生产力的发展。

综上对社会生产力和企业生产力的分析,可以看出我们所展开的施工企业组织结构的调整,无论是按三个层次进行的全局性调整,还是企业内部自身的组织结构调整,都是为了适应建筑生产力的状况和特点进行的自我改进,自我完善,这样建立起来的新型组织结构,定会促进建筑生产力的发展。

领导文明与建筑业

第二要义：领导文明重在确立总体思路

　　无论担任什么岗位的领导，特别是主要领导都有一个领导工作的总体思路问题。对于确立总体思路的领导者，首先是具有正确的政绩观。一般说来带有长远性、战略性工作思路的领导，近期的"政绩"不会很突出。急功近利快出政绩的领导者必然对总体发展思想不感兴趣。所以对于一些一心想当官、升官的领导来说，往往忽视总体思路的确立，他们不想那么远，也不寻求从根本上的解决问题，只在表面文章上下功夫，这是领导者的人生观、价值观、世界观的反映。这类领导者一定是个人名利第一，个人前途第一。所以不能小看总体思路问题。其次是具有科学的预见观。预见对于确立总体思想十分重要，预见就是把握规律，把握趋势。如前所述，预见就是见微知著，就是发现事物发展的趋势和各种可能性，并据此确立行动的目标和应对各种可能性的方案。有了科学的预见，才能胸怀远大的奋斗目标，随之规范性的领导工作计划，从而纵览事物发展的总体趋势。其三是具有学习型的领导者素养，学习型领导者一般具有四个"善于"的思考问题方法，即善于把当前和长远结合起来，重视从当前出发更注重于长远发展；善于把战术和战略结合起来，重视战术更注重于战略目标；善于把本单位和外部环境结合起来，并把本单位的发

第二要义：领导文明重在确立总体思路

展溶于大环境之中去思考；善于把个人思考和整体思路结合起来，重视个人思路的超前性，更注重整体的共识性。

我在建筑行业领导岗位上确立总体思路的工作方式已成为习惯。转战中国建筑工程总公司十一年里也同样习惯于这一工作套路。这方面的文章选出几篇给读者，可以从中看到十年前的思路至今在发挥作用。尤其是1994年我在中建总公司任党组书记、副总经理时，第一年我没有分工，就是搞调查研究，曾肇河、杨洪宝、许建平、李百安、赖刚、王寅飞等同志参加调研，小组写出了中建总公司改革与发展的总体纲要，希望能够对读者有些启发。

选读文章之一：

关于建筑施工企业组织结构调整的总体思路

1984年国家把建筑业的改革作为城市经济体制改革的突破口。按照有计划的商品经济要求，一方面实行招标承包制，采用竞争的办法面向社会承揽工程任务；一方面以乡镇建筑队为代表的建筑队伍迅速发展，在开放的建筑市场上十分活跃，显示了一定的优势。在这种情况下，国营骨干建筑企业怎样适应这种形势，怎样走出在自身基础上发展改革的路子，是当时研究的一个急迫的课题。当时在邯郸召开座谈会，重点总结了中国石化集团第四建设公司关于建立生活、培训、教育、生产多功能基地的经验；化工部第十二化建公司关于"精干一线，搞活二线，发展第三产业"的经验。总结这两个经验，是为了明示施工企业建立稳定的多功能大本营和发展多种经营，安置富余人员是适应建筑市场的发育，转化历史留给大企业的不利因素，实行精兵强将上前

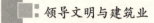

线的必要条件。

1985年在宁夏银川召开了现场座谈会，进一步总结了中国石化集团第四建设公司在宁夏30万吨化肥工程实行小分队承包的经验。在总结研讨"小分队"承包经验的过程中，大家回顾了传统施工方式的利弊。正像前面所讲到的传统施工方式的一个明显特点是整个企业大搬家，不找到一条新的路子来改进，将给国营大企业带来更大的困难。当时，把小分队承包和传统方式对比起来，提出了把"企业法"组织施工改为按"项目法"组织施工，以彻底改变现场型公司的旧模式。

1986年底，在北京召开施工管理工作会议，酝酿整个施工管理体制的改革思路。正在这个时候，中央领导同志在云南鲁布革工程考察之后，对我国施工队伍的改革建设提出了要求，并要求我们总结鲁布革经验。我们在前两年讨论的基础上把项目法施工同鲁布革工程管理经验揉在了一起，提出按两个层次组织施工，精兵强将上前线，逐步改变单一施工的劳务型企业，建造一批具有科研开发，工程设计、物资采购和建筑施工等综合能力的工程总承包企业。

1987年，在全国施工会议上把施工企业组织结构总体改革思路正式表述为：逐步建立以智力密集型的工程总承包公司为龙头，以专业施工队伍为依托，全民与集体，总包与分包，前方与后方，分工协作，互为补充，具有中国特色的企业组织结构。这个组织结构可以简单归结为三个层次。

第一个层次是工程总承包企业，这类企业数量不多，但能量较大，处于整个组织结构的龙头地位。

第二个层次是独立承包的施工企业，这类企业数量大，门类多，既是第一个层次的伙伴力量，又是一般劳务队伍的带动力量，处于整个组织结构的主体地位。

第三个层次是非独立承包的专业劳务施工企业，这类企业规

第二要义：领导文明重在确立总体思路

模小、数量多、既是前二个层次的作业力量，又是面向社会面向村镇的机动力量，处于整个组织结构的依托地位。

目前我国建筑企业从总体上讲都处于第二个层次状况，这就是说整个企业的组织结构是单一层次的，那么如何调整为上述三个层次呢？总的原则是：发育和建立第一个层次，巩固、提高第二个层次，完善和健全第三个层次。并要以第三个层次为基点，运用多种手段，促进部分企业向第一个层次和第二个层次转换。

当前的重点是如何发育和建立第一个层次的龙头企业，在这个问题上，国家决定选择一批大型国营建筑企业进行试点，提出了三个步骤。

第一步，是变拉家带口的现场型公司为精兵强将上前线的项目管理，也就是说，主要是从项目法施工起步，一是项目法施工可以同企业内部承包责任制相结合；二是可以同劳动优化组合结合；三是可以培养更多的项目管理复合型人才。

第二步，是进行两层分离，组成智力密集型的经营管理层和综合或专业化施工的作业层，在两层分离和两层建设中，重点是充实加强科研设计等技术业务和项目管理力量，使之逐步成为智力密集型的工程总承包公司。同时加强作业层的建设，为发展成为专业施工公司打下基础，并发展多种经营，为转移富余人员创造条件。这就是说第二步的主要目标是基本建立起拥有作业队伍的龙头企业。

第三步，是把作业层发展成独立核算、自负盈亏的专业施工公司，相对独立或完全独立于社会。使资金密集、智力密集、技术密集、不带作业队伍的龙头企业完全就位。

关于第三个层次的完善和健全工作，也正在进行，主要是在三个环节上加以完善。

第一个环节解决如何加强非等级专业施工队伍的管理，使之在提供劳务和实行分包的运行机制中发挥作战功能。

第二个环节通过建立一批管理有序的农村建筑劳务基地使之成为来去灵活、骨干稳定的建筑劳务队伍。

第三个环节按照定点、定向、专业配套、双向选择、长期合作的原则着手建立第三个层次与第一和第二个层次的企业间协作关系，使三个层次形成内在紧密相联的有机整体。

现在看，上述总体思路的确立，方向是对头的。

其一，它是在总结我国30多年建筑施工管理经验和教训的基础上，结合国营大型建筑企业的情况，积极吸取改革开放的产物——鲁布革管理经验而形成的，它符合工程建设领域社会化大生产的发展要求。

其二，这个思路始终是以强化大型骨干建筑企业的主体地位和发挥主导作用为出发点和落脚点的。在一个时期内，以全民所有制建筑企业为主导，以集体所有制企业为依托，以个体劳动者为补充的队伍结构，并没有得以很好的实施，往往发生主导不主导、依托不依托、补充不补充的错位，甚至倒置的现象。如果按照这个思路，建立起新的运行机制，就能够做到各就其位，各得其所。

其三，突出了国营大型企业只有在创新改革的基础上才能发挥这种主导作用。

选读文章之二：

中国建筑工程总公司改革与发展纲要

（中国建筑工程总公司于1995年5月30日发布）

为适应建立社会主义市场经济体制的要求，根据党的十四届三中全会《关于建立社会主义市场经济体制若干问题的决定》和

第二要义：领导文明重在确立总体思路

十五届四中全会的精神，结合实际情况，制定《中国建筑工程总公司改革与发展纲要》。

一、中国建筑工程总公司改革与发展面临的新形势和新任务

1. 在邓小平同志建设有中国特色社会主义理论和党的基本路线的指引下，中国建筑工程总公司始终以改革为动力，紧紧抓住增强企业活力这个中心环节，积极探索，锐意创新；推行法人代表负责制，进行企业领导体制改革；借鉴鲁布革工程经验，对外发展总承包，对内实行项目法，进行施工生产方式的变革；完善承包责任制，深化分配、用工和人事制度改革；强化管理调控，发展直接经营，不断探索总公司总部和工程局机关的改革途径；汲取国际惯例，推进制度变革，积极进行老企业的改造重组和实行股份制的率先探索等等。各项改革的不断深入和二十多万职工的艰苦奋斗，使总公司在从计划经济逐步走向社会主义市场经济的过程中充满了生机与活力，各项事业取得了长足的发展。

国内生产经营规模逐年扩大。截至1994年累计完成总产值（营业额）670多亿元人民币（下同），比1981年增长23倍。施工企业累计完成总产值495.5亿元，全员劳动生产率从1983年起年年高于全国同行业平均水平，创造了闻名全国的建设速度和堪称一流的质量水平，建成了一大批享誉社会的名优工程，充分显示出中建企业的综合实力。勘察设计单位累计完成总产值10.75亿元，涌现了不少独具风格的建筑设计作品，培养了一支充满生机的勘察设计专业骨干队伍。物资供销企业累计完成供销额47.2亿元，进出口贸易有了较大发展。

对外经营规模从小到大，布局从少到多，逐步滚动发展。截止1994年，累计完成合同成交额66亿美元，占同期全国总额的17％，累计完成营业额57亿美元，占同期全国总额的23％，累计派出国外执行合同人员10万多人次。总公司从1984年起年年跻身于世界225家国际大承包商之列，并连续三年被评为中国

500家最大服务业企业国际经济合作类的榜首。

企业实力不断增强。多元化经营格局初步形成,企业抗风险能力逐步提高,1994年国内外多种经营营业额达50亿元,各占总产值和利润的20%。科技进步成果丰硕,先后有17项成果荣获部级以上奖励,1994年获科技进步奖9项。中高级专业技术职称人员比重由1982年的26.8%上升到1994年的34%,接收引进大中专毕业生累计2.1万人,教育培训取得显著成绩。生产生活基地建设逐步改善,职工生活水平不断提高。

企业的良好形象和信誉进一步树立。总公司直属八个工程局1994年再次全部被列入中国500家最大经营规模建筑企业前五十名;东北院、西南院、西北院进入中国建设勘察设计单位百强行列;总公司和直属一、二、三、八局以及中建建筑承包有限公司取得了建设部颁发的工程总承包企业一级资质;总公司在香港的子公司中国海外集团有限公司已连续三年被香港房屋委员会评为十大最佳承建商,被誉为香港中资企业的典范。"中国建筑"这块金字招牌以其雄厚的实力、精湛的技艺、一流的质量享誉海内外,成为中建系统巨大的无形资产,发挥着不可估量的"金牌"效应。

所有这些,充分显示了,总公司作为国有特大型联合建筑企业的综合经济实力,并为今后的发展创造了有利条件。

2. 中建总公司在改革和发展的历程中形成了具有自身特色的基本经验。

——坚持解放思想,实事求是的思想路线,以改革总揽全局。从行业特点和总公司实际出发,以社会主义市场经济为导向,沿着"对外发展总承包,对内实行项目法"和"一业为主,多种经营"的总体思路,加快企业组织结构和内部产业结构调整,不断创造多元化、集团化的新格局。

——坚持面向市场,敢于竞争,扬长避短,善于竞争。注重

第二要义：领导文明重在确立总体思路

以投资为导向，以沿海为重点，以"高"、"大"、"新"、"特"、"外"工程为主攻方向，实施优势战略，不靠保护靠竞争，不靠外部靠自身，奋力开拓，扩展区域，拓宽领域，适应市场，驾驭市场。

——坚持以经济效益为中心，走发展靠市场、市场靠信誉、信誉靠质量、质量靠管理、管理出效益的质量效益型道路。把强化管理作为企业工作的永恒主题，贯穿于"建筑市场"与"工程现场"的循环过程，以项目为基点，以成本为核心，促进管理水平和企业素质的全面提高。

——坚持国内外一体化经营。积极投入国际市场的大循环，实施跨国经营的发展战略，采取国内工程国外打法，以国内保国外，以国外促国内，打出去当地化，返回来国际化，努力加快与国际惯例的接轨。

——坚持科技振兴企业。结合建筑业特点和中建实际，靠科技"扬长"，既抓项目开发，更重成果应用，采取科技示范工程引路，加速向实现生产力的转化，以形成富有竞争力的科技优势和拳头产品。

——坚持两个文明建设一起抓。密切联系生产经营和职工思想实际，加强和改进思想政治工作，培育有中建特色的企业文化，弘扬企业精神，引导职工树立远大理想，讲究职业道德，提高自身素质，使企业既出优质产品，又培养"四有"新人。

3. 在充分肯定改革和发展取得阶段性成果的同时，必须清醒地看到当前企业改革面临的深层次矛盾。由于国家处在由计划经济向社会主义市场经济转换的新旧体制交替时期，反映到企业内部必然存在"双轨并存"的问题：在思想观念上，一方面要树立与社会主义市场经济相适应的新思路，另一方面是多年来计划经济体制下形成的思维定势还在发挥作用；在企业体制上，一方面要建立符合现代企业制度要求，以产权关系为纽带的母子公司结构的管理体系，另一方面现有的行政隶属关系还不可能立即废止；在运行机制上，一方面要依托"中建金牌"效应，发挥整体优势，增强群体竞争能力，另一方面是企业内部各自为战，不合理竞争；在对外经营上，一方面要按国际市场的一般经济规则进行运作，另一方面仍习惯用计划经济方式管理和评判国际经营活动；在三项制度上，一方面是加大改革力度，分配拉开档次，用工双向选择，另一方面又要在社会保障体系还不健全配套的情况下保持企业稳定；在企业功能上，一方面要强化以追求效益为根本目的的经济组织功能，另一方面是企业办社会，承担大量的社会服务功能。解决上述问题，加快新旧体制并轨，既是深化企业改革的主要内容，更是建立现代企业制度的内在要求。为此，我们不仅要看到"双轨并存"产生的一些深层次矛盾，更要积极主动把握两个方面"并行"和"并轨"的演进过程，按照逐步并轨的思路，进一步深化改革，推进演变，加快建立适应社会主义市场经济体制的新型体制。

4. 在当今国内外形势下，中建总公司正面临着新的机遇和挑战。从国际市场看，亚太地区成为国际建筑承包市场的热点，非洲和拉美市场也有一定容量，中东和独联体市场仍具潜力，欧美虽有市场但竞争对手强大。同时，工程项目承包由劳务密集型向技术、资金密集型的方面发展，劳动力出口继续受到限制，实物支付和延期支付的项目进一步增加；中国对外工程承包劳务合作企业到1994年底已发展到462家；中建38家地方分公司已经有23家获得了对外经营权。这些都对总公司跨国经营提出了新的挑战。从国内市场看，国内投资需求将继续增加，沿海沿江沿边开放开发，能源、交通、基础设施项目和重要城市建设仍然是投资热点。同时，国际承包商将进入国内，国际竞争国内化将给中建总公司带来新的对手；国内建筑企业为提高竞争能力，纷纷寻求融资多样化、组织集团化、生产多元化、经营国际化的路子，市场竞争更趋激烈。历史的经验告诉我们，竞争中不进则退，优胜劣汰，是市场经济的必然规律。

5. 从现在起到本世纪末，是中建总公司改革与发展的关键时期。我们有两大奋斗目标。一个是改革的目标，即转换经营机制，理顺产权关系，实现企业制度创新，发育成为既体现国际跨国公司和综合商社特点，又体现国情和中建特色的中国建筑集团。另一个是发展的目标，即通过积极努力，使中建集团成为中国建筑业资本最雄厚，人才最集中，技术最先进，管理最科学，效益最佳化的排头兵和世界一流的综合性多功能现代化跨国集团，在国民经济中充分发挥大型支柱企业集团的作用。

归结上述目标，中建总公司改革与发展的基本思路和工作主线是"**转机建制，成型集团，强化管理，多元开拓，跨国经营，全面发展**"。

6. 解放思想是中建总公司深化改革加快发展的前提条件，而领导带头更新观念又是思想解放的关键环节。要大力强化以下四种观念：即转变用计划经济的观点评判具体经营行为的思想，树立以发展生产力、提高经济效益为中心的观念；转变自我配置生产要素，追求"小而全"、"大而全"的思想，树立市场机制起基础性配置作用，走社会化大生产和专业化分工协作之路的观念；转变单体竞争，单一经营，局部发展的思想，树立依托集团整体竞争，跨行业、跨国经营的观念；转变小成即满、小富即安、谨微保守和求全责备，论资排辈的思想；树立敢为人先、启用能人、不断创新、跳跃前进的观念。要以思想的不断解放，观念的不断创新，推动改革和发展的不断前进。

二、成型具有中建特色的中国建筑集团

7. 党的十四届三中全会《决定》提出，要"发展一批以公有制为主体，以产权联结为主要纽带的跨地区、跨行业的大型企业集团"。实施大公司、大集团战略，培育具有国际竞争能力的

大企业,是市场经济发展的内在要求,也是一种必然趋势。中建总公司是我国特大型国有建筑联合企业,在成立之初,就具有企业集团的雏形,经过十多年的发展壮大,企业集团的框架已基本形成。因此,按照建立现代企业制度的要求,加快企业集团建设,是总公司进一步深化改革的客观需要。中国建筑集团的发展,将有利于促进企业结构调整,提高规模效益;有利于形成群体优势和综合功能,既能充分发挥总部决策中心、投资中心、人才中心、信息中心的作用,又可调动成员企业的积极性;有利于充分发挥"中国建筑"的金牌效应,提高中建企业在国际国内两个市场的竞争能力。

总公司成型企业集团的指导思想是以规范性的集团法规为依据,从实际情况出发,创建具有中建特色的中国建筑集团。其目标模式是:总公司从国有资产投资主体和产权管理主体地位出发,发育成为既有资本经营又有生产经营混合控股的,中建集团与成员企业集团共存的,以建筑业为主业,以实业、贸易为两翼的,具有多元产权结构、多层组织形式、多种功能经营结构、跨行业跨国经营的中国建筑集团。

8. 中建集团的集团公司是中建总公司(包括总部机关和直接经营的驻外机构、国内分支机构),它是在集团内起主导作用的母体企业。

中建集团的控股成员,由具有法人财产权的若干企业组成。目前由全资子公司的八个工程局、六个勘察设计院、若干个国内专业公司和若干合营控股的驻外经营机构组成。

中建集团的参股成员,由总公司或由工程局、勘察设计院、专业公司参股,所持股份未达到控股程度的具有法人地位的若干企业组成。

中建集团的协作成员,由总公司、工程局、勘察设计院、专业公司和集团的控股成员、参股成员等有长期稳定生产经营科技协作关系，承认集团章程的企、事业法人组成。

9. 按照国家有关规定和《国有企业财产监管条例》，建立企业国有资产管理体制。依照一定的法律程序，明晰企业内部的持股或产权辖属关系。认真贯彻《企业财务通则》和《企业会计准则》，实现财务会计制度与国际惯例接轨。要在企业内部形成严格的产权责任结构和运行机制，逐步建立以考核资本运营效果为主要内容的综合评价指标体系，对企业行为进行必要约束，保证企业法人财产所有权的正确运用。

10. 强化总公司本部直接经营的力度，进一步发展壮大集团母体企业。总公司在融资投资、市场拓展、经营公关、信息沟通、技术实力、人才交流等方面要具有较高的服务水平。为形成集团整体优势，扩大直接经营能力，逐步在沿海地区组建以中国建筑工程总公司（××）的方式，沟通上层，服务基层。根据发展需要，收购或组建一批新公司，为调整布局和结构服务。

11. 充分发挥集团的整体效能和综合优势，增强集团竞争能力。按照平等互利、外引内联的原则，提倡优势互补，共同发展。发育内部产权交易市场，支持集团成员企业适应市场需求，经过兼并、转让、拍卖等形式，实现生产要素的合理流动和优化配置。

12. 中建集团必须形成融投资中心。成立投资公司、财务公司，加快发育内部银行，融通调剂内部资金；加强与专业性、商业性银行的合作，增强融资、筹资能力；积极探索以多种渠道和形式引进外资的有效途径。建立和完善以投资公司和咨询评估机构相结合的投资决策制度，形成决策科学、权力集中、责任控制、追求效益的投资管理体系。按照集中理财的原则，把投资总规模与项目单体投资结合起来，实行总公司直营项目投资总规模的预算管理，强化责任考核。

13. 用好、用活国家赋予的物资进出口经营权，发展综合商社。依托总公司跨行业、跨国经营的优势,形成统一管理、分层经营的物资供销和进出口贸易体制与经营网络。建立出口产品基地,扩大国际承包带动国内物资出口,因地制宜经营其他国际贸易业务。

三、深化各项改革,逐步实现企业制度创新

14. 企业改革的方向和目标,是建立现代企业制度。要充分认识国有企业的优势,继承和发展自己的成功经验,把搞好企业领导班子建设,加强技术改造,强化内部管理,全心全意依靠工人阶级,作为搞活企业的基本思路。要从解决实际问题入手确定改革的具体方法和步骤,为向现代企业制度转变创造条件。

15. 继续转换企业经营机制,为建立现代企业制度打好基础。继续贯彻落实《全民所有制工业企业法》、《全民所有制工业企业转换经营机制条例》以及《全民所有制建筑安装企业转换经营机制实施办法》。深入开展"转机制、抓管理、练内功、增效益"活动,以项目法施工为主线,深化内部配套改革,提高经营水平、管理素质,增强市场竞争能力。

16. 现代企业制度是国有企业既符合国际惯例,又体现中国特色的新型制度。建立这种新型制度必然要有一个渐进的过程。要在一局试点的进程中,大胆实践,稳步推进,把改制、改组、改造结合起来,以是否真正转变机制,建立科学的管理系统,拥有先进的技术设备、工艺水平和优质产品,能够在平等竞争的市场环境中充满活力地发展,作为检验现代企业制度的标准。建制要重在质量,重在规范,不片面追求企业改制的数量、速度和范围。

17. 积极推进以事业体制改为企业体制为重点的勘察设计院改革。适应设计收费制度改革,抓好财务制度与国际惯例的接轨,推行和完善技术经济责任承包制。适应国家进行国际型工程公司、专业设计事务所和注册建筑师、工程师试点的要求,逐步

第二要义：领导文明重在确立总体思路

形成以方案设计为龙头，高智力、高素质的设计企业。按照工程咨询公司、监理公司、咨询设计顾问公司，专业设计事务所等形式，选择设计院、所的发展方向，积极进行组建名人设计事务所。按照岩土工程公司、工程测量公司、水文地质勘察公司、勘察机具租赁公司等形式，选择勘察院的发展方向。工程局和其他企业所属设计单位要以发展施工图设计能力为主，增强设计施工一体化的实力。

18. 深化人事制度改革。全面推行聘任制和聘用制，采取公平竞争、择优聘任、双向选择的方法聘任企业经营管理人员和专业技术人员。深化职称改革，建立专业技术职业资格制度和具有竞争机制的任用制度，实行评聘分开。建立科学、规范的考核制度和奖惩分明的激励机制，形成能上能下、能进能出、纪律严明的管理体系。发育完善企业人才市场，稳定内部人才，积极吸纳外部人才。

19. 深化分配制度改革。坚持企业工资总额增长率低于经济效益增长率、人均工资增长率低于本企业劳动生产增长率的原则，建立企业工资分配的宏观调控机制。按照效率优先、兼顾公平的原则，调整和完善岗位技能工资制，建立适用与不同地区、不同类型企业的工资标准和增长机制，逐步实现收入工资化、工资货币化。逐步推行董事、监事、经理年薪加奖金的报酬制度。积极探索按劳分配与按资分配相结合的新思路、新办法。

20. 深化用工制度改革。要大力实行全员劳动合同制，人才配置逐步实现由系统内为主转换到以社会市场为主。发育企业与社会接轨的劳务市场，精干自身队伍，强化劳务基地和联营队伍的管理。结合企业两层分离和分配制度的改革，实现用工主体的转换和作业层队伍的社会化管理，形成以自有队伍中的技师和技术复杂的特殊工种为骨干、以市场劳动力为主体的弹性施工作业队伍。

21. 发育和完善企业生产要素市场。发育机械设备租赁调剂市场，发展机械设备租赁公司，解决大型机械设备投资过大、利用率不高的问题。探索建立内部资金市场的途径和形式，加快资金周转，发挥资金效用。加快培育技术、信息市场，实行技术成果有偿转让，加速科技成果商品化。

22. 深化管理体制和经营方式改革。坚持对外发展总承包、对内实行项目法。按照局（公司）—区域性经营实体—项目班子的组织和总承包—专业承包—劳务分包的经营方式，理顺内部管理体制，调整内部组织结构。

加大项目法施工的力度，突出工程项目在企业管理中的中心地位，形成企业层次、项目层次、作业层次的新型运行机制，把企业全过程、全方位、全员地推向市场。根据工程项目的不同特点和经营单位的不同情况，进一步深化和完善内部承包经营责任制。

23. 积极参加社会保障和住房制度等改革。根据国家授权，加强和完善养老保险的系统统筹；积极争取医疗、工伤、女工生育保险的系统统筹；积极参加失业、社会救济、社会福利等方面的改革。按照属地化管理的原则，积极参加住房制度改革。按照企业后勤服务单位和承担的社会服务功能一般应从企业分离出去的原则，积极探索分离的途径和办法。

四、调整海外经营战略，积极拓展国际市场

24. 随着世界经济格局的变化，国际承包市场重心转移，总公司要尽快调整对外经营发展战略，充分利用已创造的物质和资信等基础条件，变无效益的生产布点为以盈利为目的的经营布局；变由总公司承担无限责任为按出资额承担有限责任；变先铺摊子后找项目为先落实项目再设立机构；变以国境为界开展对外经营为国内外大市场一体化经营；变侧重承包工程和输出劳务为国际性综合商社的发展道路，以促进，总公司海外经营在持续、

第二要义：领导文明重在确立总体思路

稳定、健康发展的轨道上再迈出新的步伐。

25. 总公司对外经营必须坚持的方针是：

——坚持以盈利创汇为宗旨，尽可能做到业务规模、经济效益双增长。特别是注意营业利润和创汇额的增加。

——坚持经营领域多元化和市场占有的合理性。增强跨国经营的竞争能力和抗风险能力。

——坚持产业资本与金融资本相结合，运用国际通用的方式进行融资，承包和兴办更多的项目，增强国际化经营的实力。

——坚持发挥总公司和集团成员企业拓展国际市场两个方面的积极性。依托集团优势，利用现有基础，合理分工布局，分层扩展经营。

——坚持国内外一体化经营的大市场思路，实行内外结合的方针。既把对外经营的重点放在港澳和国外，又注意把国内市场作为跨国经营的基础。注意引进外资，同时利用在国外注册的公司返回国内投资，参与国际竞争。

26. 建立统一、高效的海外经营决策、调控、服务和项目实施体系。

加强对外经营管理。为实现中建集团进一步发展跨国经营的战略目标，要充分利用已在香港注册的中建总公司（香港地区）机构，扩大其权威和职能，以创造新型的海外经营业务运行机制。

强化市场分析。加强对外发展战略研究，建立高效的信息反馈与市场分析预测系统，为海外经营的决策服务。

发挥专家咨询委员会对海外项目的评估作用。对外经营决策是以资金投向为主的高层次决策。包括宏观调控和直接经营投资限额以上大项目两个方面。要组建专家型的评估机构，按照决策与评估分开、评估与经营管理分开、项目效益评价与总公司投资能力评价相结合的效益优先原则于进行评估，为决策提供依据。

统分结合，强化决策。适应国际市场竞争的需要，对外经营项目实行等级管理。在核定的资金和投资限额内，采取统一管理、分层经营的形式。凡需要总公司担保和投资的项目，按照规定程序均由总部统一决策。

明确权责，强化管理。按照既确保总部行使有效的调控职能，又发挥驻外机构和境外企业积极性的精神，采取不同的管理方式，明确各类驻外机构和企业的责权。境外具有当地企业法人资格的公司，逐步建立现代企业的治理结构，按照总公司确定的经营方针，自主经营、独立核算、自负盈亏。驻外经理部，实行内部独立核算和管理委员会领导下的经理负责制，向总公司承包利润额。办事处、代表处的主要任务是收集信息联络外商开展经营业务需由总部明确授权。与地方分公司合营和委托分公司经营的驻外机构，按照相应的协议和有关规定进行经营活动和利益分配。

27. 进一步调整完善海外经营布局和经营机构。根据国际市场格局变化，坚持积极慎重、适度经营、确保效益的原则，坚决进行经营布局的调整。支持重点产出区，扶植前景好的"亮点"市场，坚决调整长期亏损、市场暗淡的"黑点"地区。依据国际承包市场走势，宜设置区域性经营机构。成立区域性经营机构，要通过市场逐步形成而不是单纯行政划定；通过现有经营实体自我扩展，而不是新增管理层次。调整经营布局要实行相对划分原则，既划管理圈子，又在开拓上不封闭圈子。同时，要服从商务关系，以不丢项目为原则，形成一些相对分工的区域性效益生长点和发展支撑点。

28. 改善海外经营产业结构。跨国经营是经济贸易业务的全面结合和发展。其领域涉及工程承包、劳务合作、经济技术援助、房地产经营、工商、贸易、服务、金融、实业、国际投资等多项业务。要逐步实现生产流通一体化、金融贸易一体化、内外贸一体化，形成对外经营多元发展、多点支撑的繁荣局面，以分散经营风险,增进综合效益,全面提高综合国际竞争能力。

29. 推进工程局、勘察设计院的对外开拓。实行中建总公司本部和直属法人企业两个层次的双层运行主体。以总公司母体为第一层次总揽全局,直属法人企业为第二层次调剂补充,逐步形成以总公司系统循环为主,各地方分公司为辅的海外经营运作方式。总公司以多种形式积极支持和扶助工程局、勘察设计院进入国际市场。勘察设计院要积极发展国际化经营,独立或与国外企业合作发展国际工程设计咨询业务,促进总公司国际承包总体水平和劳务合作技术层次的提高。

五、提高经济效益,加快发展国内经营

30. 国内经营的指导方针是:

——以市场为导向,瞄准"高"、"大"、"新"、"特"、"外"工程,发挥中建优势,使建筑业再上新水平,巩固和扩大市场占有率。

——实行建筑业和房地产业结合,坚持以主业创信誉,树形象;以多元化经营增效益、求发展。

——强化中建集团的系统循环,既注意经营布局的调整,又重视经营结构的完善,形成营业规模适度、资源配置科学、经营布局合理、产业结构优化的格局。

——以提高经济效益为中心,处理好经营规模、发展速度与经济效益的关系,使管理力量与经营规模相匹配,生产要素与发展速度相适应,资产投入与收益回报相协调,实现社会信誉和经济效益同步提高。

31. 完善国内经营的地区布局。依据国家经济建设发展趋势和投资导向,积极拓展沿海、沿江、沿边地区市场,以珠江三角洲、长江三角洲为重点,主攻经济特区和大中城市,择机开拓中原、东北、西北地区,逐步形成沿海与内地结合、经济特区与中心城市呼应、布局合理、回旋余地较大的经营格局。把以上海为中心的长江三角洲作为重中之重，拟采取"中国建筑工程总公司（上海）"的形式，加强上层活动，服务基层企业，增强中建集团竞争力。在完善经营布局中，要注意发挥中建集团的技术和装备优势，创名牌、树信誉、占市场。总公司从经营战略和集团整体利益出发，对所属企业的开拓市点、经营空间、发展规模进行必要的指导。

32. 坚持走质量效益型道路。要把质量管理贯穿于现场和市场的循环过程，以质量创信誉，向管理要效益，以抓现场增强市场占有率。强化质量第一、生产必须安全的观念，健全质量监督和安全管理机构。坚持开展工程质量创优活动，稳步提高质量总体水平。

33. 加快国内企业与国际惯例接轨。总结推广中国海外集团公司按国际惯例经营运作的成功经验，在投资、报价、预算、管理等方面加快与国际惯例接轨。在实施步骤上，近三年要逐步全面实行 ISO9000 国际系列标准，在管理科学化方面取得突破性进展，促进企业管理整体水平的迅速提高。

34. 积极发展多元化经营。要以施工、设计、房地产三大支柱为主业，以工业实业、贸易、服务及其他行业为多元化经营主要内容，形成多业并举，互相促进的产业结构。多元化经营要从安置型到经营型、从低水平向高层次、从小范围到大规模、从单一型向跨行业的转变。适应第三产业的特点，可以采取国有民营、公有私营、租赁经营等灵活方式，提高经济效益。

35. 提高技术装备水平。发挥总公司跨国经营和物资系统的优势，充分利用承建大型项目和外资工程的机会，用好国家的有关政策，添置急需的机械设备，提高综合生产能力。提高企业机械设备的管理和经营水平，面向社会拓展机械设备租赁经营业务，充分发挥现有技术装备的效用。

36. 加大科技体制改革的力度。坚持依靠科技进步振兴企业的方针,切实加强对科技工作的领导,建立健全科技进步责任制和管理体制。进一步完善专业技术人才管理制度,完善科技成果奖励办法。积极指导和支持科技单位以各种经济组织形式创办科技企业或整体向科技企业转化。建立起市场、科研、生产、应用一体化的企业技术进步机制,提高企业科技整体水平。加大对科技的投入,完善技术开发机构,发挥两级科技发展基金的作用。坚持生产经营与科技开发并重,科研长期规划与近期目标结合,促进科技成果尽快向生产领域转化。严格技术管理和业绩考核制度,活跃群众性的科技活动。

37. 面向生产经营,以优化施工图设计和施工现场为科技进步的主战场,积极开发和采用新技术、新工艺、新材料、新设备,引进和消化国内外先进技术。以研究开发地基基础和地下建筑设计施工、成套节能建筑、高层建筑、特种构筑物和高级装饰、新型建材、结构体系、电子计算机应用技术等为重点,形成独具特色的技术优势,努力创建一批有影响的名优工程和国家级工法。

38. 发挥科技进步对建筑设计发展的主导作用。更新技术设备,开发设计软件,优化设计方案,繁荣建筑创作,创造一批技术先进、经济合理、适用美观、具有时代特点的建筑设计代表作。

39. 改善企业智力结构,大力发展教育培训事业。坚持多层次、多渠道、多专业的培养人才,积极开展各类人员的岗位培训和继续教育,建立资格性岗位证书制,实行上岗录用考核制度。各类学校和职工培训要在教育思想、专业设置、教学内容,培训方式等方面进行改革,提高教学质量,扩大培训规模,适应企业发展需要。

六、加强两个文明建设,促进集团全面发展

40. 要培育具有中建特色的企业文化,塑造中建集团团结、向上、健康的文化氛围和良好的社会形象。企业文化建设要坚持"以人为本"的原则，大力弘扬"敬业、求实、创新、争先"的企业精神，形成"服务社会、建设祖国"的整体价值观念。要以"外塑形象，内练素质"为主要任务，把企业文化溶于集团活动的各个方面，以规范企业和职工的行为，使之成为企业全员的自觉行动。

41. 以提高企业人员整体素质为核心内容，改造自有职工队伍结构，积极造就管理、智力、技术密集型队伍。其主要目标是：到 2000 年，培养 1 万人左右的擅长经营、精通管理、高素质的企业家队伍；形成 5~6 万人左右的以各类专家为骨干的专业技术人员队伍；实现 2~3 万人左右的以技师、高级技师为主体的施工作业骨干队伍；建立一支擅长思想工作、通晓市场经济、精干高效的思想政治工作人员队伍。

42. 树立良好的经营思想、经营作风和职业道德。成员企业要强化集团意识，从集团的整体利益出发，遵循集团共同的战略目标，维护集团的社会形象，相互尊重，相互支持，同舟共济，形成利益共同体，以集团的整体优势，提高竞争能力。

43. 在发展生产、提高效益的基础上，不断提高职工的物质、文化生活水平。积极建成北京、上海等地的中建大厦，改善办公条件。按国家和各驻地政府提出的"小康"标准，集团成员企业要规划奔"小康"的具体的目标和措施，使中建集团职工在工资、住房、福利方面明显优于本行业、本地区的平均水平，增强企业的吸引力、凝聚力。

44. 大力加强各级领导班子的组织和思想作风建设。要坚持干部"四化"方针，把领导班子建设作为搞好企业的关键，精心配备好各级领导班子，特别要选配好党政一把手，以形成团结协作，坚强有力的领导核心。要加强领导班子自身的精神文明建设，提高各级领导干部的思想政治素质。要按照民主集中制原则，健全领导班子工作制度，以提高企业的管理水平和决策水

第二要义：领导文明重在确立总体思路

平。要加强后备干部队伍建设，选拔一批德才兼备的年轻干部充实到各级领导班子。

45. 进一步加强党的建设。各级党委要继续坚持参与重大问题决策，坚持党管干部的原则，支持经理发挥生产经营指挥中心作用，管理党的自身建设和干部队伍建设，领导思想政治工作和工会、共青团和妇联等群众组织，协调党、政、工关系，以充分发挥企业党组织的政治核心作用，保证监督党和国家方针、政策的贯彻执行。

企业党建要与企业改革同步配套。要围绕经济抓党建，紧扣企业改革和生产经营开展党建工作，坚持在深化改革和促进发展中发挥政治优势；要围绕企业的新变化、新情况，不断探索新时期企业党建工作的形式和途径，认真研究在新形势下企业党组织如何发挥作用，努力创造适合企业特点的活动方式，从加强和改进两个方面推进企业党的建设；要围绕企业基层工作，大力加强基层党支部建设，选配好支部书记，注重在生产一线发展党员，把基层党支部建设成为能团结和带领职工群众进行改革和现代化建设的坚强战斗堡垒。

积极发挥工会、共青团和妇联组织联系群众的桥梁和纽带作用，维护和加强民主管理，激发职工主人翁精神，调动和发挥广大职工的积极性和创造性，坚持依靠职工群众办好企业。

加强思想政治工作，坚持爱国主义、社会主义、集体主义教育，强化职工的职业理想、职业道德和职业纪律的教育，大力表彰先进，弘扬正气，反对拜金主义、极端个人主义和腐朽的生活方式，正确处理国家、集体、个人三者利益的关系，努力培养有理想、有道德、有文化、有纪律的中建队伍。

七、着眼当前工作，抓好重点突破，积极实现规划目标

46. 加强总公司集体领导，推进总部机关公司化改造。按照现代企业制度的要求，既考虑历史沿革的职责分工，又按现实的

工作需要，调整完善总公司现行领导体制，形成坚强、团结、有力的领导核心。总公司领导的高层决策采取"两会"制度。一是党组会，党组按党章规定实行民主集中制的少数服从多数的集体领导，在工作中起核心作用；二是总公司总经理常务会，实行总经理负责制，总公司总经理常务会是生产经营的决策中心。各层领导一般不兼任下属单位实职，以明晰责任，利于工作。

按照精干、高效的原则和"专业部门"、"综合职能部门"、"党、政、经济监督管理部门"三条线，对总部机构进行调整，理顺管理结构。总部职能应大力强化决策，"尤其是投资决策系统，包括融资、投资和项目评估机构。拟把信贷职能公司化，成立投资公司，承担投资总体评价；把项目评估职能专业化，成立专家咨询委员会，承担项目单体评价。以坚持集中统一决策、科学民主决策，具体项目决策与总体投资决策的统一。执行管理系统划分几种形式：一是对控股子公司，以资产管理为主要内容行使管理职能；二是对总部直接经营的公司和直接投资开发的项目，以经营管理为主要内容行使管理职能；三是综合性日常业务，分为人事、计财、法规等专项业务行使管理职能。服务系统把决策服务和行政服务分开，将办公厅（党组办）精干成为决策服务的中心，同时把行政事务公司化。

47. 采取分类指导、抓点带面、逐步到位的方式，推行现代企业制度。总公司成立现代企业制度试点工作办公室，负责具体实施工作。

——对列入国家和建设部的试点单位（一局和二局）要加强对试点工作的领导，同时也作为中建总公司的试点，以发挥在中建系统中的示范作用。

——对已有的股份制企业，主要是按照现代企业制度的规范进行完善。

——对已有改制条件和基础，企业驻地政府有明确要求，产权关系相对简单的专业公司和直属单位,主要是以有限责任公司为基本形式,进行制度创新。

——对总公司的内联企业、独资企业,在清产核资、理顺产权的前提下,区别不同情况,建立现代企业制度。

——工程局、设计院,抓好内部试点,在转换经营机制的基础上,逐步进行公司化改造。建立现代企业制度必须坚持公有制的主体地位。在完善法人制度,理顺产权关系过程中,要防止把国有资产分散化,造成国有资产的流失。在清产核资工作基本完成的基础上,建立资产经营责任制,强化对国有资产的监管,促进国有资产保值增值。同时加紧研究解决企业各种历史包袱的途径和办法。

48. 加快总公司改革与发展步伐,必须坚持整体推进和重点突破相结合。本纲要的实施,大体分两步进行。第一步从1995~1996年,主要是抓好改革试点,理顺内部关系,着力推进总部机关公司化改造,调整海外经营布局,成型中建集团;第二步从1997~2000年,主要是通过加快发展步伐/全面实现纲要的目标和各项任务。改革既要考虑抓住时机,加快步伐的迫切性,又要注意新体制发育的渐进性;既要有面上指导,又要有典型引路;既要强调重点突破,又要注意配套展开。

49. 制定规划目标,明确奋斗方向。面对20世纪90年代新的机遇和挑战,从总公司实际出发,提出以下规划指标:

——生产经营:企业总产值1995年预计达到257.7亿元人民币(下同),2000年计划达到509亿元,平均年增长14.8%。全员劳动生产率1995年达到94140元,2000年达到146252元。实现利润年平均增长19.7%,2000年达到全国同行业领先水平。多元化经营产值和利润所占比重平均每年增长11.3%和3.3%以上。对外经营营业额1995年比1993年增长42.6%,2000年比1995年增长18.8%。年盈利总额平均增长22.1%以上。

——工程质量：1995年工程一次验收合格率达90%以上，优良品率达55%以上，所有公司均创出省部级优质工程，消灭空白点。2000年全部达到国家评定验收标准，大中型项目达到一次试车成功，工程一次验收合格率达到100%。

——企业实力：企业净资产1995年预计达到58.9亿元，2000年计划比1995年增长47.1%。

——科技、人才：科技开发和成果应用居于同行业先进水平，科技进步收益率1995年到达1.29%，2000年达到1.8%；企业中高级专业技术人员比重1995年预计达到38%，2000年计划达到45%。

《中国建筑工程总公司改革与发展纲要》是总揽中建集团今后一个时期各项工作的总体框架。要搞好宣传教育。强化广大职工的改革与发展意识。尤其要组织各级领导干部认真学习发展社会主义市场经济的新知识、新政策，为改革与发展打下坚实的思想基础。各单位要以本纲要为指导，从自己的实际情况出发，对改革和发展的总体思路、基本目标、工作措施、实施步骤做出具体安排。

回顾过去，信心倍增；展望未来，任重道远。有党的路线、方针、政策的指引，有全系统广大职工的共同奋斗，中建总公司必定能够成为全行业改革与发展的排头兵，我们的目标必定能够实现！

第三要义：领导文明义在寻求实现途径

如果把奋斗目标和总体思路停在文章之中，那只能是可望而不可及的目标和思路而已，重要的是要回答实现途径问题，这才能把领导意图变为领导现实，领导文明也就体现在实践过程之中了。在这方面邓小平同志在提出"什么是社会主义"之后，紧接着提出了"怎样建设社会主义"的问题，就是在回答实现社会主义的途径问题。江泽民同志同样在提出"建设一个什么样的党"之后，紧接着提出"怎样建设党"的问题，同样在回答建设党的实现途径问题。在寻求实现途径这个领导者的重大问题上，我对"结合"二字曾产生过强烈的反响，1985年我第一次在中央党校学习时，是劳动者和生产材料"直接结合"的简明用语打开了我对生产力理论的"天窗"，提出了"项目生产力"的理论观点；2004年我在中央党校"三个代表重要思想"的学习中，再次对"结合"二字与中央党校的教师产生共鸣。一位教师在讲到三个代表重要思想的理论品质——与时俱进时，曾用"结合"二字简明指出没有理论与实践的"结合"就不会有与时俱进的创新，由此我对"结合"二字有这样几段论述。

首先，"结合"是基本经验。胡锦涛总书记指出，要从马克思主义基本原理同中国具体实际相结合的历史发展中深刻认识学习贯彻"三个代表"重要思想的重大意义。马克思主义基本原理同中国具体实际相结合,实质上就是实现马克思主义的理论化、具体化、时代化,使之具有中国特点、中国特征、中国风格和中国气派。毛泽东同志把这种"结合"称为党领导革命必须解决的"第一个重要问题"。邓小平同志把这种"结合"称为"吃了苦头总结出来的经验"。江泽民同志把这种"结合"称为我们党多年来最基本的经验。

其次,"结合"是辩证思维。在当前的社会发展中,多项事物相互交叉,就是一项事物也是前后相融,你中有我,我中有你,事物的多元化成为发展趋势。所以必须坚持辩证唯物主义的认识论,思维方式不能僵化,不能绝对化,不能片面化,也不能简单化,一定要由"凡是论"转变为"求是论",从"非此不彼"转变为"亦此亦彼"的思维方式,坚持一分为二看问题,寻求"一分为三"(三即为结合之路)解决问题。

再次,"结合"是途径和方法。正如《"三个代表"重要思想学习纲要》所要求的"各级领导干部要紧密结合国内外形势的发展变化,紧密结合生产力发展和经济体制的深刻变革,紧密结合人民群众对提高物质文化生活的要求,紧密结合党员干部队伍的重大变化……坚持从实际出发,把中央的方针政策同本地区本部门的实际结合起来,把需要和可能结合起来,把开拓进取和求真务实结合起来,把工作热情和科学态度结合起来,创造性地开展工作,使各项工作更切合实际更富有成效。"

总之,"结合"作为经验、思维、途径和方法,是对过去成功的继承,是对实践新经验的吸取,因此是与时俱进的思想创新、理论创新和实践创新。可见,结合问题十分重要。然而如何结合好是很不容易的。因此在实际工作中如何积极思考结合、努力寻求"实际结合点",就成为寻求实现途径的"法宝"。

从"结合"中寻求实现途径,最有代表性的就是我提出的

"项目法施工"的路子和"强化资质管理"的问题。项目管理是国际工程建设普遍使用的工程项目的管理形式,但考虑到当时的国有施工企业的状况,运作不了先进的项目管理模式,而必须进行企业内部的配套改革,进行经营机制创新,否则先进的项目管理模式引入不到施工企业机制中来,进而以项目管理为目标模式,提出了以施工企业内部配套改革为主要内容的"项目法施工"的路子,这是一个寻求实现途径的典型范例。所以把"项目法施工"一篇文章选了出来。关于资质管理更是实现途径的杰作。"资质"二字本身就是创新的产物,把企业市场准入的资格与自身的素质结合起来,成为了很有生命力的资质管理,这篇力作完全可以使你了解到这一管理方式的由来。

选读文章之一:

项目法施工的道路

(本篇原载于《项目法施工研究》1993年第1期)

项目法施工从提出到试点的几年来,无论是理论还是实践上对这个问题的认识都有了进一步的深化。这期间召开了一次项目法施工研讨会即桂林会议,通过深入地辩论、研讨、对话大大推动了这一课题的深化。

经过这个阶段的实践——认识——再实践——再认识的过程,我想再来谈一下这个问题,题目叫做"项目法施工的道路"。

项目法施工具有把企业导向适应社会主义市场经济的实践意义。

这个命题如果站不住脚的话,我们就没有必要研究项目法施工,没有必要搞项目经理责任制。国家经济体制改革已决定走社会主义市场经济的道路，那么这个结论就要加以论证，以取得共识。过去是计划体制，后来改成计划经济为主、市场调节为辅，尔后又前进一步叫计划经济和市场调节相结合。这个说法在邓小平同志南巡讲话之后又有了重大突破。小平同志讲，"计划是手段，市场也是手段，资本主义有计划，社会主义有市场，不存在用计划与市场来区分社会性质的问题。"在小平讲话精神指引下，酝酿了一个新说法叫社会主义市场经济。江泽民同志曾讲，"我作为个人赞成用社会主义市场经济这样一个提法。"后来这个说法在党的"十四"大上被确定下来，作为我国整个经济体制改革的模式。现在给我们的一个任务是如何建立起各个行业的适应社会主义市场经济的新机制。国家是市场经济，而企业是计划经济，这两个层次扭曲是不行的，解决这两个层次扭曲的问题不能只寄希望于国家层次的经济体制改革围绕企业原体制来进行，只有企业体制和国家宏观层次的体制改革相一致、相衔接，这样企业才能适应社会主义市场经济的要求，也才能生存和发展。要回答建筑施工企业怎样和市场经济相对接的问题涉及到整个工程建设领域的改革。建设领域怎样改革，可归纳为一个体系、五个转换。一个体系是指市场体系；五个转换是指：（一）投资主体由过去部门式的行政性投资转为以投资公司为载体的讲求投资效益的项目业主负责制；（二）项目的决策主体由过去的行政长官定项目转换为咨询公司为载体的评估决策方式，科学化、民主化地进行项目决策；（三）基建项目筹建主体将由过去"项目来了搭班子，建设完了散摊子"的临时性组织方式，转换为职业化公司，例如通过搞管理型的招标代理公司来搞职业化，这可能是市场经济里边的一条路子。如北京旅游局的基建办改为承发包公司，作为甲方代理向业主交钥匙就是其中的一个例子；（四）承建主体将由过去的分散式、行政化组织设计、施工，转换为总承包、施工承包和各种分包的总分包运行机制；（五）工程监控主体由过去甲方自我负责转换为以监理公司为载体的社会监督控制，监理公司受雇于业主，代表业主对承包商进行监督。简单说，一个项目下来，**投资是业主负责制；决策是项目评估制；筹建单位是公司职业化；承建主体是总分包制；监督控制是社会化的监理制**。这是整个建设领域实行市场经济的基本模式。

那么在五个转换中的承建主体这条线上，怎样适应市场经济的这个模式呢？这是我们要研究的主课题。投资主体是国家计委负责，项目决策的主体——咨询公司也是由国家计委在负责，筹建主体是具体的甲方单位，它和投资主体、项目决策主体联在一起。承建主体的设计施工在建设部，监控主体也在建设部。建设领域适应市场经济的五个转换，要求承包商这条线上寻求出新机制，建筑施工企业在多年来的行政计划体制下，形成了固有的模式，针对怎样转换为适应市场机制的新体制问题，你找、我找、大家找，谁找出了这条路子都具有改革的意义。可以说现在我们找到了，找到了突破口，这就是"运用项目法施工"这样一条路子，把我们的企业导向市场。

自从招标承包制实行以后，我们建筑施工企业有两个关系发生了较大的变化，这两个关系变化的实质就是按照市场经济的要求，自觉不自觉地在进行着变革。第一个关系变化是任务适应企业，还是企业适应任务的适应关系发生了变化；是企业适应任务的需要还是任务适应企业的需要，这个变化是明显的。过去在计划体制下是任务适应企业，你这个企业是搞土建的，多大规模、什么结构，行政上就会给你分配相应的任务，叫做任务通过行政手段匹配给企业，任务适应于企业。这种适应方式一旦发生任务短缺，企业就会说不是我不干，是你国家没有给我活，国家要发放窝工工资。这几年，由于招标承包制的实行，企业已经导向了企业适应任务的关系上，任务来源于市场，市场里的工程项目性质不一、规模不一、工程类别变化大，工程项目数量变化也大，而且年度之间不平衡，那么这个企业怎样适应这样的任务呢？这个问题是市场经济里企业应该具有的一种应变能力。一个企业只能干这样的活，不能干那样的活，那就只能在市场上退回来；相反一个企业能够通过调整内部结构改革生产方式承担更多的性质不同的工程项目，就会占有更多的市场。在这方面，上海市第一建筑工程公司就比较突出，它较早地进行了机制转换。既能干公共建筑又能在大桥、电视塔工程上大显身手。日本大成公司在鲁布革水电站隧洞施工中创造了经验，又在北京的香格里拉高档饭店工程上打出了水平。企业和任务之间相互适应关系的变化，是企业面向市场、适应市场的体现。第二个关系变化即企业的责任关系发生了明显的变化。企业过去是向行政上级层层负责，至于通过每个项目向建设单位负责、向用户负责思考得不多。这几年企业对用户负责的观念强化了，逐渐弱化了行政的竖向责任关系，企业的行为意识也面向市场。我在企业的那些年每年11月肯定要向上级报捷，完成指标当先进。但就工程而言尾巴工程很多，大家都抢上级下达的产值，不注重用户的交付使用。那时社会上说我们是惹不起、离不开、靠不住。原因在于那时我们不是用对用户负责的观念和行为来统率企业，用户评价不行，而主管上级没说不行，该当先进当先进，现在再这样不行了，不对用户负责，信誉就没有了，市场就不稳了，逼得企业必须向用户负责、向市场负责、向建设单位负责。

建筑施工企业的改革步伐为什么快于工业，就是有了这样两个变化，即企业和任务之间的相互适应的关系发生了变化；企业对谁负责的责任关系发生了变化。而这两个变化，是一个落脚点，即以每个具体的项目为落脚点。所以这两个变化的实质是反映了企业正在以项目管理为核心的运行机制，正在把每个施工企业和市场机制连接起来。还要指出的是，企业的责任关系只是在企业层次上变了还不行，还必须是全企业、全过程、全员的进入市场，面向用户，只有"三全"进入市场才能和市场经济融为一体。

一个企业那么多层次，并不是全部围绕市场转，所以市场这个概念必须引伸落脚到企业内部各个层次上去，这才是我们真正把企业导向市场经济的硬任务，总的看是企业内部行政层次没有全部进入市场，因此要解决全企业进入市场的问题。企业进市场，全员没进市场，稍用一点竞争机制，职工就理解不了，一砸"三铁"职工接受不了，从长远讲全员不进市场，就难以把市场对企业经理的压力，转化为职工的压力，从而变压力为动力，焕发出市场机制的活力。全过程进入市场是指在各个环节的工作中，都要突出竞争、合同等符合市场行为的激励约束机制。

解决"三全"进入市场这个问题最佳的选择是走项目法施工的路子，可以一举三得。项目上优化配置生产要素的过程必将带动企业内部的配套改革，三要素就要在企业内部和项目上、项目和项目之间流动，干部能上能下、工人能进能出、收入能多能少的机制就可在企业与项目之间形成。

有的同志把这个思路表述为"三环"。"三环"分别是指项目、企业和社会。由于企业和社会这一环还环不起来，能做到能进能出还要有个过程，企业职工要自由进入社会，不但观念上行不通，条件也不具备，实施起来比较难，这一环慢一点会更稳妥。项目和企业这一环可以动起来，创造企业内部"小特区"是可行的。北京城建一公司之所以成功，就在这一环上。企业内部生产要素模拟市场的形成解决了项目与企业之间的市场机制对接问题。这一环的逐步解决，必将对社会与企业之间的循环产生作用，既会产生渗透，又会增进职工与社会对接的意识。北京城建一公司的行政管理和服务设施等已面向社会，为社会服务，并依靠社会为企业解决难题。

这个"三环"理论，和我上边讲的运用项目法施工促进企业的全员、全过程、全企业的进入市场是一致的。1992年6月3日《人民日报》上发表了一篇我答记者问的文章，题目叫《项目法施工是施工企业进入市场的钥匙》，完全表达了我的思想。这篇文章加了一段话是这样的："在云南鲁布革水电建设中，我国传统施工方式与先进的国际管理方式相互碰撞，引发了一场施工企业如何改革的大讨论，这就是发生在1987年的"鲁布革冲击"，从那时起，施工企业静悄悄地进行着一项改革探索，建设部施工管理司司长张青林认为，项目法施工是施工企业进入市场的钥匙"。接着这段话讲，一个企业进市场仅仅停留在招标投标这个层次上还远不够，还必须要解决全员、全过程、全企业进入市场的问题，这才能真正造就出企业进入市场的真本事。

在这篇文章里，我总结了项目法施工使一些企业实现了五个转换的经验，即一是实现了企业适应项目的转换。过去国家按企业的人数、施工能力来匹配相应规模的施工任务，现在企业内部的改革形成了一种可以根据市场的要求承接不同类型项目的应变机制。二是实现了企业管理基点的转变。过去企业是对上负责，工区对公司、公司对局负责。那么谁对用户负责呢？不考虑或很少考虑。弊病就是抢产值，干完了好报捷，结果是胡子工程多，项目法施工使企业管理重心下沉到项目工地上，真正做到了对用户负责。三是实现了企业生产方式的转换。改变过去按行政级别，一级一级下达任务的状况，企业从市场上通过投标得到项目，然后优选项目经理，由他再优选项目班子和作业队伍。四是企业生产要素运行程序的转换，改变行政调拨的方式为根据项目需要在企业内部按市场机制流动。五是企业流动方式开始转换，由过去的"吉普赛式"（即拖家带口上现场，著者注），逐步向精兵强将上前线，后方固定大本营从事多种经营的方式过渡。我认为这五个转换把我上边讲的两个关系、全员、全过程、全企业进入市场以及"三环"理论等都串起来了。

第三要义：领导文明义在寻求实现途径

这五个转换归结起来讲，实质就是讲项目法施工可以把全员、全过程、全企业推向市场，也就是说，找到了一条企业和市场对接的路子。项目法施工具有把企业导向适应社会主义市场经济的实践功能；也就是说，项目法施工既能吸取国际先进管理经验，又能启动我国建筑业行业结构和企业结构的调整。

讲到这个问题，要从鲁布革经验谈起，鲁布革经验在某种程度上体现着国际先进的管理经验。为了回答对鲁布革经验究竟学什么、怎么学的问题，我曾先后几次派人到鲁布革现场调查。第一批人员回答说，他们的经验是一个技术问题，第二批人员回答说是分配问题。我认为这都没有抓住问题的关键。后来发现日本大成公司只来了30多人，作业队伍用的是我国水电十四局的队伍。我从这入手，提出了一个是不是体制的工作机制问题？鲁布革经验不是单一的技术或分配上的问题，也不是一个组织形式上的问题，这些只是表面现象。我记得当时水电十四局也组织了一部分人在厂房工程上学鲁布革经验，选了一个主任，组成了35个人的管理层，300多人的作业层，分配同效益挂钩，工程干得很好，但好景不长，运转就运转不下去了。有这样几个例子：材料员到材料科领材料，他们说"材料可是我们供的，别忘了……"，工人去食堂吃饭，到幼儿园领小孩都有同样的"别忘了"。几个"别忘了"反映了前线和后方分配上的矛盾，更主要的是，企业行政管理体制和项目管理体制发生了碰撞。后来项目主任辞职不干了，鲁布革经验学不下去了。可见单独在一个项目上搞鲁布革试点是行不通的。这就叫体制不改机制不转，国际先进的项目管理的经验就引进不了，学不到手，也就是说没有企业体制和机制的改革，就保证不了这种国际先进管理模式的运转。

基于这种认识，我们给国务院的报告中讲到，学鲁布革经验，不能再走过去形式主义的老路子，把劲只用在创几个鲁布革经验工程上，而更重要的是要从企业体制改革上，寻求出一种新的机制使企业能自觉地创造鲁布革工程，要把企业的改革作为学习鲁布革经验的主旋律。

企业改革怎么改，我们先来看一看创造鲁布革经验的日本大成公司，这个企业是智力密集型企业，一万人，90%以上是工程师，全部职员中5%的人搞科研开发，10%的人搞工程设计，15%的人搞经营管理，20%的人从事行政管理，50%的人员皆在项目管理班子上，作业队伍主要是就项目所在地临时签订劳务协作合同。这种机制告诉我们，在企业的体制改革中，必须要促进一部分大中型建筑施工企业变型。我们的施工企业一般是70%的人员是工人，而日本大成公司70%以上是工程师，我们是劳务密集型，而大成公司是智力密集型，所以应大力调整我国建筑行业结构和企业结构。通过调整结构来促进一部分建筑企业变型。大家知道，我国最大的一个工程局是葛洲坝工程局。这个局5万职工，8万家属，13万人在宜昌市，70%以上的人是工人。这么大规模的劳务型企业，有工程干还行，没有活干局长就带头发70%的工资，受不了市场的冲击。再搞大工程怎么搞？他们从葛洲坝工程干过来清醒了许多，他们写了一本书叫《项目法施工与实践》，就是用搞葛洲坝工程的过程来对比下一步搞三峡工程的思考。他们认为再也不能搞大工程局了，要依靠社会总包分包，采用社会化的方式建三峡，葛洲坝是搞一个工程局的方式来建的，不管是一般工程还是专业工程都由工程局包揽，生产、生活也是一起统管，办起了"小社会"，所以形成5万职工、8万家属的大摊子。

改变行业和企业的结构，究竟怎么变？前面讲到要在三个层次上变，第一层次，是要有一部分企业变成集科研开发、工程设计、材料采购、工程管理于一体的工程总承包企业，是技术智力密集型的龙头企业，像日本大成公司那样，这个层次的企业数量少，能量大，是全行业组织结构的龙头。第二个层次是施工承包企业，是直接占有生产要素的，有生产机具、有劳动者、能搞项目独立承包的主体企业。第三个层次是只提供劳务及专业分包的，这类企业灵活多样，星罗棋布。现在给大家提出个问题，就是这三个层次怎么就位？第二个层次，现有的施工企业已经就位，第三个层次，通过资质管理把51%的企业列为非等级企业，也已经解决了。现在的关键是龙头企业应如何造就，这是当前面临的问题，是新成立，还是以大企业为基础进行调整改组，这又是两条思路。

一条思路认为，智力密集型好办，从各方调来一批工程师，即可组成全是工程师的智力密集型企业。咱们有些人片面理解总承包，把总承包理解为承发包的甲方代理，给它一个不好的名字叫"皮包"，我看可以给它一个新概念，叫甲方代理公司，是第三产业，不是我们第二产业，是为第二产业服务的，为甲方服务的。

另一条思路是选用大企业调整改组，由劳务密集型逐步变为智力密集型。我赞成这条路子，所以从1987年开始，国家确定了50家企业开始了调整改组的试点。

一个劳务密集型的企业怎么变成智力密集型的龙头企业？从哪入手？这就是从项目法施工入手走三步。第一步，由项目法入手，企业内部两层分开，实行内部劳务模拟市场机制；第二步，强化两层，以项目管理层为基础充实加强技术管理力量，提高智力密集度，并通过各种方式把工程设计、科研开发、材料采购的功能强化起来；同时作业层开始按专业化公司的架子起步，以逐步变成专业化施工公司。这两层发育到一定程度，运用母子公司形式实行两层分开，都成为独立的法人，这是第三步，这就是三步曲。

选读文章之二：

项目法施工是对一般项目管理的发展

项目法施工和项目管理是不同的概念，不同的范畴，但是有共同之处。他们的不同点在于：项目法施工是以企业为对象，它是企业体制从计划体制转向市场经济体制的改革，它指的是企业体制和机制的转换过程，这是项目法施工的实质。但是这个转换过程是以项目管理为核心的，或者说企业体制和机制改革的主旋律是项目管理，以此带动企业体制和机制的转换。而一般的项目管理是以单体项目为对象，以项目管理的质量、工期、成本、安全四大目标为中心，实行优化管理，这是一次投入产出性的管理。有的人说，那就直接搞项目管理不行吗？实践证明，不从企业体制和机制转换上开路是不行的，前边讲到的水电十四局就是个例子。也就是说，机制不变，你想按国际惯例走是走不下去的。所以，我跟部分同志讲，你的想法很好，项目管理要能够一步到位，我们就不费这个劲了。这个转换过程是必然的，想超越这个转换的历史阶段，也就是想超越计划体制转向市场经济体制的这个历史阶段是不可能的，宏观经济不可能，企业的微观经济也不可能。

项目法施工更不同于栋号承包。这个区别就更明显。项目管理与栋号承包不同，因为项目管理的内容不仅仅是承包责任制，当然项目法施工就不是栋号承包。讲这个问题涉及一个对项目经理的责任关系问题。也就是说，对项目经理是实行承包好呢，还是实行别的办法好？对项目经理责权利的界定是项目法施工中的一个核心问题。项目经理权力不到位，项目经理统不起来，项目就不可能动态地运行起来；相反权力过大也会有弊端。因此，要

第三要义：领导文明义在寻求实现途径

掌握好这方面的"度"。从普遍意义上讲，我认为应该对项目经理实行指标考核。什么道理呢？因为项目经理是企业法人在项目上的代表，他是代表企业法人运筹这个项目的，它组织的这个班子是企业法人派出的在前线作战的指挥部，是为企业争光争利，项目经理是企业第一线的指挥官。不能把项目经理扭曲为带领一帮包工队和企业争权争利。而现在很多地方就是这样，这就把项目经理责任制的新机制扭曲了。

搞项目经理指标考核，具体考核指标是什么？可根据具体项目来定，在这里不排除有些项目可以搞项目承包，譬如一些小型住宅工程。另外还有一个因素，因为企业来自于市场的项目情况不一样，有的肥，有的持平，有的投标就亏，企业拿回不同情况的工程，承包给项目经理，让他包盈不包亏，这个问题就复杂了，本来亏本的项目你让项目经理承包是很难的。但给这个项目经理下达指标是可行的，减亏就是成绩，这就是指标考核。所以，我主张项目经理这个层次和企业之间是紧密的，立场是一致的，在企业法人和项目经理之间实行指标考核的激励机制，是符合项目法施工原则的。而项目管理层和作业层之间应采取合同式的制约机制，因为从长远看，作业层主要来自外部，你想来自自有职工是不可能的，作业队伍专业化、社会化是趋势，这是社会化大生产的总体趋势，大企业不走这个路是无法运行的。我们的宏观导向也是这样，引导使用外部队伍。所以，当前对内部作业队伍应更多地应用外部作业队伍的管理方式来深化这个层次的改革。有人说自己带的队伍听话，我就给他讲了长远的想法和当前的矛盾，即使是内部队伍，也要实行内部合同制管理，在项目上结合要以合同为纽带。这是发展的走向，合同管理早晚要强化，现在就要这样干。

选读文章之三：

资质管理创新之路

既要有企业自我调节内在机制的积极性，更要有强有力的宏观调控措施，才能促进企业实行不同层次的转换。这个宏观调控措施，就是把国家对建筑企业的单一"注册管理"转向"资质管理"，逐步建立起以"资质"为核心的管理体系。这是因为资质管理是宏观集约型管理。

建筑企业的生产经营活动不象工业企业那样需要大量的设备投资和以完整配套的生产场所为开业条件。一般说来，凡拥有简单的生产工具和充足的劳动力，就具备了建筑施工生产的基本条件。建筑企业利用这种条件可以从无到有，从小到大地发展起来。因此，许多国家在建筑企业发展的初始阶段，一般都采取了登记注册，允许其营业的简单管理方式，即"注册管理"。很显然，这种管理是建筑企业发育阶段的粗放型管理。其主要特征是：管理要求层次低，只是履行注册手续；管理功能单一，只是确定了企业经营的合法性。过去30多年，我国对建筑企业的管理，基本上是注册管理。而"资质管理"是建筑企业发育到一定阶段上所采取的集约管理，在这个阶段建筑企业只履行注册手续已不能营业，还必须对企业的资历、智力、技术以及经济实力进行必要的确认，企业才能按其资质水平进行营业。

"资质"即资格和素质。资格是表述企业具有的资历、财力、业绩、信誉等；素质主要是指企业的人员、资金、机械装备的数量、构成、比例、技术管理水平和施工生产能力等多方面的状况。"资质管理"就是国家对建筑企业的资格和素质提出明确要求，根据企业具备的条件核定资质等级，并按照企业资质等级划

第三要义：领导文明义在寻求实现途径

定营业范围的管理。

资质管理一般说来由三部分组成，一是资质标准管理，二是建筑施工企业资质等级认证管理，三是依据资质等级对建筑施工企业营业范围的管理。就其管理功能上讲，它具有"抑制队伍规模、强化企业素质、调整产业结构"的宏观调控作用。

首先，由于在单一注册管理的基础上实行了资质管理，而且是在企业开办和营业上实行了先资审后注册，即证照并存（资质证书和营业执照），先证后照的管理办法，这就避免了单一注册管理带来的企业盲目成立，队伍盲目发展的失控问题。又由于资质标准是动态的，可根据建筑施工企业整体素质水平的变化和国家对施工队伍总规模控制的要求，适时进行修订和调整，当队伍规模过大时，可以通过提高标准的办法，限制一部分力量进入承包市场，达到抑制队伍规模的目的。

其次，建筑施工企业的资质等级是划定建筑施工企业营业范围的重要依据，企业要扩大营业范围，拓展营业领域，就要取得较高的资质等级，而要取得较高资质等级，又必须达到相应的资质条件，就必须在提高自身素质上下功夫。通过资质管理，将把建筑施工企业的素质同经营范围联系起来，造成强化企业素质的内部动力机制。

再次，更重要的是资质的标准勾划出了不同层次、不同类别、不同专业的建筑施工企业结构模式，为从宏观上引导企业在相应类型上就位提供了明确的目标。例如，为了促进建筑施工企业组织结构实现三个层次的格局，企业资质类别划定了相应的三种类型：一是工程总承包企业类；二是独立承包的施工企业类；三是非独立承包的施工企业类。每种类型都明确了必备的条件和相应的档次，使企业的资质转化有一个明确的奋进方向，并按照资质标准在不同层次上就位。这样就可以发挥资质管理在调整企业组织结构中的宏观调控作用。

上面讲到，资质管理是建筑企业发展到一定阶段所采取的管理形式，那么这个"一定发展阶段"如何判断和把握呢？这是资质管理的背景和条件的问题。

从资质管理的起步背景看，一般是施工队伍已发展到超过工程任务需要，特别是在国家采取抑制通货膨胀，抑制投资规模，进入调整时期的时候，国家则开始对建筑企业实行资质管理。日本在1973年开始实行许可制，就是因为1973年以前日本出现了两次投资热潮，一次是1968～1970年的设备投资热，另一次是1972～1973年的公共事业投资热。这期间，建筑企业发展很快。但到1973年以后，在两次世界性石油危机冲击下，日本投资热潮下来了，转入了调整时期，他们叫"低成长期"。此时建设省马上修改建设法，通过立法废止了登录制，实行许可制，进入了资质管理阶段。

从实行资质管理的内在条件看，主要是伴随着建设业发育阶段的完结，建设市场不断扩大，工程建设逐步趋向大型化，技术复杂程度不断提高，建设市场的竞争日趋激烈，对建筑企业的素质提出了更高的要求。在这种优胜劣汰的环境中，建筑企业间的资本构成、技术与管理水平出现了很大差异，一些企业在竞争中不断发展壮大成为具有综合能力的工程承包企业；一些企业则利用自身的专业优势，成为具有专业化能力的施工企业；还有一些企业则发挥劳务优势成为分包企业。这种因企业能力的差异，导致企业等级的分档，客观上提出了国家对建筑企业的管理，必须真正走上资质管理轨道的要求。日本在1973年由"登录制"向"许可制"的转换时期，企业的档次已明显拉开，形成了资质管理的现实条件。

从1988年开始，我国也开始了资质管理的探索，制定颁发了房屋建筑、冶金、有色、煤炭、石油、化工、石化、水利、电力、机械、林业、核工业、电子、建材、铁道、交通和邮电等17类施工企业资质等级标准，对全国 5.7 万个施工企业（含农村建筑队）进行了资质审查，审定了资格等级，划定了营业范围。这些对加强施工队伍管理，维护建设市场秩序，提高企业素质，保证工程质量都起到了一定的作用，为全面转向资质管理打下了基础。但是也应该看到，这种资质管理只是低水平的，还是起步阶段。一是资质标准的水平低，注重企业的人数有余，而对能力重视不足；二是资质管理对象单一，只对劳务型施工企业，没有包括第一层次的总承包和第三层次的专业分包企业等。

对照前面讲到的背景和条件，分析我国目前的管理现状，可以说，当前是运用资质管理、调整建筑企业组织结构的有利时期。一方面国家采取了紧缩银根、压缩基建规模的措施，建筑企业必然进行调整。另一方面企业也已拉开了档次、分出了高低，不实行分层次就位的资质管理也满足不了企业的要求，这种外部环境与企业内部条件正是国家由注册管理走向资质管理的现实基础。

领导文明与建筑业

第四要义：领导文明力在综合协调推进

综合协调的推进你所领导的事业、事项和你所领导的单位岗位，从哲学上讲要注意两点：一是关于事物在空间上的系统性，也就是说在同一个时段里，一项事物必然与其他各项事物也称各要素相关联，不可能单打一推进工作，一定要协调各要素运行，就一个社会来讲，必须兼顾各方。所以科学发展观就是讲全面、协调和可持续发展，不能城乡间失调，地区间失衡，经济与社会不平衡等，才能推动大到社会小到事物向前发展。二是关于事物在时间上的过程性，也就是事情要一步一步地，一个阶段一个阶段地向前推进，不要超越阶段，不顾现实条件的可能性，把明天的事提前到今天来做。这样的苦头吃得太多了，经过这些年来的学习实践，我们深刻体会了为什么要坚持社会主义阶级阶段不动摇，就是担心犯急躁病，超越了这个历史阶段，犯历史性的错误。举一个安排好体育运动会的例子，最能说明在空间上要考虑好各要素的协调，在时间上要有顺序有时段。在一个体育场同时要安排田赛项目和径赛项目，使之在空间上错位，这样各个竞赛项目就不会互相干扰而顺利进行。而在同一个跑道上就一定要在时间顺序上安排好先后。就是说，在同一空间（一个跑道）上，时间一定要错位；而在同一时间里空间上就要错位。这就是系统性和过程控制。在建设部施工管理司当司长时，我对推进大中型施工企业的改革与发展是提出了若干建议的，今天把当时讲话拿了出来，都是体现综合协调推进的思路。在此选出两篇文章，即"发展工程建设集团企业的可贵探索"和"依靠企业的自我奋进努力搞活大中型施工企业"。中建总公司是一个大型企业的联合体，如何发展？由于在中建这个大家庭中，各成员即各要素之间很不平衡，相互关联性很强。因此，强优与扶劣必须同步展开，才能使中建总公司协调发展，我有一篇"关于整体做强中国建筑"的文章，这是一篇符合科学发展观的文章，是体现综合协调推进的文章。

选读文章之一：

发展工程建设集团企业的可贵探索

（本篇原载于《建筑》杂志1989年第12期）

国家有关部委在中国化学工程总公司（以下简称：中化总公司）（现已更名为中国化学工程集团公司，著者注）对推广鲁布革经验试点进行了联合检查。通过这次联合检查，我们感到中化总公司近几年来，在坚持四项基本原则，推广鲁布革经验，深化建设体制改革方面所取得的效果是显著的，应予以充分的肯定。

（一）坚持走"合成之路"，在发育发展工程建设集团企业方面，迈出了重要一步。在组织上初步形成了以总公司为核心，以勘察、设计、施工为主体，以科研、教育、技术开发为协力单位的紧密层等多层次结构；在经营管理上确定了具有战略思想的四个一体化方针，使总公司的管理水平、综合功能、企业信誉、队伍素质、经济效益等都有了相当程度的提高。可以说，已初步建成了有自己特色的，多功能、智力密集型的，能够承担国内外大型工程总承包的企业集团雏型。这条经验很宝贵。

（二）中化总公司在经营管理上实行的四个一体化方针，除了承包管理一体化、主业兼营一体化这两个带有共性经验之外，尤为突出的是设计施工一体化和国内国外一体化方面，显示了自己的特色。在18家试点企业许许多多的经验中，这是中化总公司最亮的两块牌子，最有特色，最有吸引力。干志坚副部长讲了，18家试点企业各有自己的位置，各有自己的代表面，要总结自己特色的经验。这两条就是中化总公司的特色，非常宝贵。在这两个方面实行一体化管理，能够做到体制上统一领导，部署上统一规划，资源上统一配置，经营上灵活机动，工程上统一协调，技术上取长补短，使集团整体优势得到充分发挥。在设计施工一体化管理方面，根据不同项目规模、特点，推行了五种形式的工程总承包方式。在20多个国家大中型重点工程项目中，开展总承包试点，普遍取得了较好效果。例如中原化肥厂工程，实行项目优化管理，河南省领导很满意，实际工期14个月，在同类工程上达到了国际先进水平。

在实行国内国外一体化经营，探索两个市场的良性循环上走在了前头。国内和国外两个市场的良性循环从哪里建起？怎样循环？我们的观点非常明确，就是通过发展承包权力和承包能力相统一的工程总承包企业来实现两个市场的良性循环。

目前，对外承包权力和承包能力相分离总不是办法（当时有对外承包权力的并没有承包能力而有承包能力的又没有承包权力，著者注）。今后必然走承包权力和承包能力相统一的路子。从长远看，不这样做，我国的国际承包事业发展不起来。中化总公司在这方面走在了前头，能够国内国外一起考虑，积极吸取国外先进经验，国内工程积极同国外管法接轨，作用很明显，能大大推进我们自己的集团企业按照国际惯例发育发展起来。凡是承包权力和承包能力两层皮的，这个作用就发挥不出来。他们在孟加拉干得不错，总结了经验，又应用在国内工程建设上，提高了国内工程建设水平，这就同国际市场循环了起来。这一经验特色突出、十分重要，很有导向性。中化总公司为我国建立一批具有国际水平的总承包企业奠定了基础，创造了条件。

（三）按项目法管理，总结推行工程项目管理的全优化法，把管理的基点放在工程项目上，具有普遍的指导意义。中化总公司在这个问题上确实下了一番功夫，系统总结了本行业改革以及过去的历史经验，又吸取了国外的先进管理经验，使工程整体优化的问题在理论上系统化了，许多领导同志都肯定了这套办法。全系统生产要素的组合优化，全过程工程动态的优化，保证了工程项目的综合效益，应当肯定。他们在项目法管理上，走到了较高的层次。开始按"项目法"组织施工，不只是停留在一个低层次上进行，对提高整个工程建设的管理水平，提供了示范，具有普遍意义，今后的项目法施工都要上升到项目法管理上。

（四）中化总公司在试点过程中，还有很重要的一条经验就是始终坚持抓思想政治工作，抓队伍建设。在改革中各种矛盾较多，大家的认识还有待进一步统一，内部机制调整势必涉及各方面的暂时利益，这没有强力的思想政治工作跟上去，这套运行机制往下深化是不可能的。

总的来说，中化总公司综合试点以来取得的成绩，值得肯定的东西很多。我想，共性的经验要总结、特色的经验更要强化，走合成之路建成企业集团，四个一体化里的设计施工一体化，国内国外一体化等，都是有自己特色的经验，要突出出来，靠特色形成的优势不断发育自己、发展自己、壮大自己。

通过这次联合检查，从中化总公司进行综合改革试点所取得的初步成效看，使我们对继续走综合改革的路子有了更加明确的认识。至少有这样几点能说明问题。

1. 全民所有制建设企业集团的发育和发展，有利于发挥国营大中型企业的骨干作用。试点工作一起步,就出现了两种不同的观点,有的同志曾提出推广鲁布革经验既然要搞总承包,就应当另起炉灶,成立新的总承包公司。我们认为不行。建国几十年来,国营大中型骨干施工企业在社会主义建设中立下了卓著的汗马功劳,并已形成了相当规模的生产能力,不在这个基础上逐步调整改组是不行的,如果因为它们的包袱大、拖累重,就把它们甩掉,方向就偏了。这一思想确立后,我们决定在改善国营大中型骨干施工企业上下功夫,以大中型国营企业为主推行试点工作,以发挥公有制经济的优势。正如江泽民总书记在一次讲话中提出的:"全民所有制大中型企业是我国现代化建设的重要支柱,是国家财政的主要来源,充分发挥它们的骨干作用,对于发展我国的经济有特殊重要意义。"中化总公司走合成的路子,一改过去的单一设计、单一施工,通过集合、凝聚、组织、使之结为一体,变成多功能、智力密集型的企业集团,不是更有利于发挥主导作用,发挥骨干作用吗!这完全符合社会主义经济发展的客观要求,这个路子是对的,使我们进一步增强了改革的信心,统一了改革的认识。

2. 大中型骨干建设企业集团,只有在自身改革的基础上,才能完善和发展新的经济组织形式,才能强化主体地位,发挥主导作用。有人提出,我们的施工企业都是大型的,设计院也都是甲级的,还搞什么一体化。几十年来公有制企业的管理体制,需要改革的地方是不少的,那些不适应生产力水平特点的生产关系的各个方面都需要改革。

咱们建筑行业,劳动者和生产资料只有在工程项目上结合,才能形成现实的生产力,而如何在项目上使生产力诸要素结合得更好,效益提高得更快,这些年研究这方面的特点、规律不够,设计、施工、科研各自孤立,互相联系很少,科研、设计没能很好与施工结合,三股力量没有在项目上拧成一股绳,甚至互相推诿、扯皮,产生内耗,我们建设工程长期以来在质量、工期和消耗上进步不大，其中就有很大一部分是出自这个原因。中化总公司研究的一套科研、设计、施工一体化管理，不同项目、不同层次的项目管理方式是对生产关系方面不适应生产力特点的改革，它适合工程项目生产力的特点，出了好成绩。

经验往往也是逼出来的，例如中国化工建设第三建设公司在铜陵工程施工中，任务紧迫，逼着搞出了"动态管理、节点考核"一套办法。中原化肥厂工程任务艰巨，迫使中化总公司在原有体制上，按照项目内在规律寻找适合的方式从事工程管理，取得一定成效。显然，大中型骨干企业作用的发挥只有在坚持改革的基础上，坐等特殊政策是不行的。

3．"项目法"这条主线，对近期的工作具有很大的操作性，又有促进企业调整组织结构，逐步发展成为龙头企业的长远意义。试点工作从哪里干起？现在看来，"项目法"这条线找对了。"项目法"至少有四条好处。

一是有利于促进企业按照政企分开的原则，把思想观念、行为意识由过去注重上级评价转向社会，讲求信誉，注重用户评价，有利于企业转向以靠自身的努力去求信誉、求生存、求发展。

二是有利于促进企业把管理的基点真正放在工程项目上，使技术和管理两个轮子能够紧紧围绕施工生产力这个"细胞"运转，以充分发挥技术进步和科学管理在提高质量、效率、效益，提高施工生产力水平方面的作用。过去两个轮子运转虽然不错，但真正在项目上运转抓得不够。工程技术人员有脱离工程现场向上浮的倾向，土建单位和一般安装单位尤为明显，技术人员作用的发挥受到制约。现在这个办法，可以把技术管理人员强化到项目上去。如中原化肥厂工程项目经理部运转得不错，把技术骨干向机关游动的倾向导向了项目，发挥了重要作用。行政指挥不灵不协调的项目，用项目管理机制，不但可以更好地加以补充，而且可以起主导作用。新工法是技术积累，项目管理法是科学管理，也是技术积累。我们现在搞项目管理，一定要把新工法、项目管理法强化起来。

三是有利于促进国营大中型建筑施工企业实行管理层和作业层的分离，促进企业内部机制的调整和多种经营的发展，以实现企业的转型，逐步转向以技术管理为主体的具有总承包能力的智力密集型的龙头企业。

四是有利于通过"国内工程国际打法"，逐步培养复合人才，熟悉国际惯例，以适应发展国际工程承包事业的要求。

希望中化总公司通过这次联合检查，能在总体思路上，再提高一步。这个思路的立足点是集团公司如何巩固和发展。只能前进，不能后退。因此，要想一想设计施工一体化的理论上、认识上、实践上还有哪些需要完善的地方；想一想我们集团成员的建筑施工企业层次较低，劳务较多，包袱较重的问题如何通过两层分离、多种经营的路子加以转化；想一想中化总公司总部的经营管理、各公司的经营管理和工程项目的经营管理这三个层次的经营管理如何同步运转；想一想中化总公司的企业法规体系，怎样经过合理调整，逐步建立完善、有利于新机制的运行，以保证这个企业按龙头企业的发展方向逐步就位。

选读文章之二：

依靠企业自我奋进努力搞活大中型建筑施工企业

（本文是著者1990年6月在中国建设职工思想政治工作研究会常务理事会上的讲话摘要）

目前，各个方面都在着力从企业内部和外部两个方面为搞活大中型建筑施工企业献计献策。前一阶段，我们作了一些调查，开了一些座谈会，就改善企业外部环境的问题，形成了六个基本

第四要义：领导文明力在综合协调推进

观点。就企业内部自身的问题也有了一些想法。这就是坚持两个文明建设一起抓的方针，加强思想政治工作，全心全意依靠工人阶级，深化内部改革，走发扬优势，挖掘潜力，提高效益，搞活建筑企业的路子。

第一，依靠企业自我奋进，就是要充分利用大中型国营建筑施工企业具有的物质技术基础和有利的外部条件。

一是因为这类企业是社会主义经济基础在建筑业中的主体成分，拥有全行业最先进的装备和技术，拥有全行业素质较高的生产大军。据统计全国共有861个大中型国营建筑施工企业，仅占建筑施工企业总数的1%，占国营企业的22%，而拥有的固定资产原值占全国国营施工企业的78%，技术装备率为3282元人民币/人，动力装备4.8元人民币/人，分别为集体所有制企业的两倍多，工程技术人员占职工总数的比例也较大，有着搞活的实力和优势。

二是因为全行业的宏观调控正在为国营大中型建筑施工企业自我搞活创造着外部条件。如通过资质管理，把全国9万个建筑施工企业缩减了26%，并将51%划分为非等级建筑施工企业，突出强化了大中型建筑施工企业在全行业中的主导地位。又如，通过建设市场的整治，促进工程任务流向高资质企业，就为发挥大中型建筑施工企业的骨干作用增加了市场空间。再如，通过发育多层次的建筑劳务基地，又为大中型建筑施工企业提供了自我搞活的依托力量。

上述情况说明，无论内部条件还是外部条件都是有利的，只要千方百计发挥自有实力和优势，善于利用外部条件，就能不断改变现状，搞活企业。沈阳市安装公司在近四年中，产值由5000万元人民币，发展到1.2亿元人民币，利润由490万元人民币增加到1230万元人民币，还先后接收了沈阳市构件公司一厂，沈阳市建五公司的两个分公司，在职工增加1100多人的情况下，1990

年仍保持人均产值 3.2 万元人民币，人均创利 3500 元人民币，人均利税 4600 元人民币的水平。今年一季度，完成的人均产值和利润比去年同期最高水平又增长了 20.5%。

他们为什么能取得这样好的成效呢？一个很重要的原因，就是领导一班人，在困境前"一不等、二不靠、三不愁"，振奋精神，依靠广大职工群众的积极性和创造性，开拓进取，练好"内功"，增强"造血"功能，走内涵发展的道路。

第二，依靠企业自我奋进，就要有商品经济意识，强化市场观念，建立和完善适应竞争需要的经营机制。

改革开放以来，建筑施工企业被推进了市场，若市场观念不强，企业的经营机制就不能适应竞争需要，必然没有竞争能力，更谈不上活力了。因此，必须转变观念，面向市场，积极竞争，就可开拓市场，增进活力。如中国建筑第三工程局，坚持发挥大型建筑施工企业的整体优势，面向市场主攻"高"、"大"、"新"、"尖"、"特"工程，初步形成了沿海一线，京广一线，西安一点的国内市场格局。并且形成在国际市场上独立承包工程，目前已达 1 亿多美元，其中今年的成交额就有近 6000 万美元。

我们的企业怎样赢得市场，参与竞争？要抓好现场、靠在建工程的高质量来赢得用户则是活企之路。工程现场是市场竞争条件下企业形象的窗口，管理的基点，质量的依托，效益的源泉。离开了现场，企业的竞争实力无以体现，企业的生机活力无从焕发。上海市第一建设公司把企业经营机制调整到以项目为管理中心的轨道上来，实行项目法施工，狠抓现场管理，把质量、效益等各项要求落实在工程项目上，实现标准化现场管理，适应了建筑市场的需要，结果是一个文明现场引来若干用户，使企业年工作量保持在 2.5 亿元人民币以上，经济效益在连续二年创历史最高纪录之后，1990 年仍保持了上海建筑施工企业的领先水平，搞活了现场，赢得了市场，企业增进了活力。

第四要义：领导文明力在综合协调推进

第三，依靠企业自我奋进，就要教育职工，勇于揭短，立足挖掘，向管理要活力。

企业领导要一只眼睛盯着市场，一只眼睛盯着现场，发现问题，堵塞漏洞，改进管理。据了解，某工程质量返修损失占工程成本的5%以上。某建筑公司算了一笔账，1989年该企业实用水泥5.745万吨，由于管理不善，水泥实际超耗20%左右，为0.957万吨。按每吨水泥220元人民币计算，折合210.54万元人民币。这210万元人民币是该公司1989年企业实现利润75.74万元人民币的279%。真是浪费惊人，发人深省！企业的效益丢在哪儿，潜力往哪儿挖，不是很清楚吗？所以我们的企业都要勇于揭短，善于找薄弱环节，查管理漏洞，强化职工的主人翁意识，练内功、挖内潜，搞好内部管理，这里面增添的因素不可低估。

第四，依靠企业自我奋进，就要重视科技进步。

很多企业不但注意浅层次的堵"漏"，更注重深层次的科技搞活，他们广泛开展合理化建议活动，走依靠科学管理和技术进步的内涵发展道路。如中化总公司第三建设公司（以下简称中化三建）在承担扬子乙烯工程塔体的组焊和吊装施工任务时，德国鲁琦公司计划工期13个月，工人302人。而中化三建采用施工网络计划技术进行时期优化和资源优化，实际投入施工人员105人，5个月零5天完成了任务，焊接合格率达100%，降低成本60.9万元人民币。依靠管理的科学化，使企业效益大幅度上升。更值得一提的是，上海隧道工程公司根据自身的专业特点和建筑市场的需要，坚持"以特为主，以技夺优"的方针，就是一个典型的例子，该公司靠地下施工的技术特长和优势揽取施工任务，使其在上海市中标工程的建安工作量累计达2.6亿元人民币，成为目前上海中标最多的建筑企业，靠公司应用科技成果而新增产值4806万元人民币，新增利税754万元人民币，增收节支746万元人民币，科研收入达20万元人民币。这个公司近两年的年产值都达亿元以上,利润连续 4 年超 850 万元人民币,劳动生产率超过 2.5 万元人民币/人,年工程质量优良率在 90% 以上,企业的技术装备也不断更新,职工的效益稳定增长,企业处于稳定发展的良性循环之中。

第五,依靠企业自我奋进,就要深化内部改革,优化劳动组合,多业开发。

建筑施工企业单一产业结构的依附性很强,每逢基建规模调整,企业就没有回旋余地。实行多种经营,多业并举则一业疲软,他业支撑,既缓解了弹性的施工任务与刚性队伍的矛盾,又使企业闲置的人力、技术、厂房、设备等生产要素得到合理使用。有色金属第六建设公司发展多种经营,起点定在"高、精、新"产品上,由小到大,滚动发展,已在机械制造、建材、环保、房地产等方面取得效益,经营利润接近本公司利润总额的 1/2,并妥善安排了职工家属和子女的就业,使基地形成了生产、生活、培训一体化的多功能大本营。又如北京建工集团走以企业人才、技术设备等优势为依托,以开发实业为主体,以流通服务为补充的多种经营路子,到 1990 年底,该总公司的多种经营企业已达 148 个,从业人员 6400 多人,当年完成营业收入 1.1 亿元人民币,实现利润 1137 万元人民币,累积至今完成营业收入 4.6 亿元人民币,实现利润 6000 万元人民币。

搞活大中型施工企业,党中央和国务院已采取了措施,为建筑施工企业创造了有利条件。我们都懂得外因通过内因而起作用。因此,一定要把企业本身工作搞好。

首先,各级领导班子在大力抓好企业生产的同时,要充分发挥党的政治优势,坚持党的政治核心作用,扎扎实实做好思想政治工作。要结合实际,有针对性地进行思想教育,使全体职工,形成良好的思想状态和精神面貌,做到万众一心,发挥出巨大的精神力量,保证有效地把生产搞上去。

第四要义：领导文明力在综合协调推进

其次，搞活企业，关键要有一个团结、廉洁、带头奋进的领导班子。经验证明，领导班子的表率作用对职工影响极为重要。

三是，树立起全心全意依靠工人阶级的指导思想，要落到实处，真正唤起职工主人翁精神和积极性。

四是，认真贯彻按劳分配原则，把物质鼓励和精神鼓励很好地结合起来。关心职工生活，重视解决影响职工情绪的各种实际问题。

历史经验告诉我们，党的事业之所以能够克服重重困难，发展壮大起来，很重要的一条，就是我们在每个历史时期围绕党的路线、方针、政策的贯彻，充分发挥了思想政治工作巨大的感召力和激励作用。所以企业各级领导，无论是政工干部还是行政干部都要高度重视思想政治工作，要象抓企业管理那样去抓思想政治工作，象研究企业管理那样去研究思想政治工作。只要抓住了这一条，充分地把广大职工群众动员起来，艰苦奋斗，勇于拼搏，必能推进企业不断向前发展。

选读文章之三：

关于"整体做强中国建筑"的指导方针

中国建筑工程总公司是1982年在国家机关第一轮机构改革中，经国务院批准，由原国家建工总局及直属的企事业单位实行政企分开后组建的全国性大型建筑联合企业，是当时国务院直属的十大公司之一。经过20年的发展，中建总公司的资产总额已增长到700亿元人民币，是组建之初的50多倍；目前国内施工企业的市场份额约占全国国有建筑企业完成总量的7%；境外营业额约占全国海外工程完成总量的18%。中建总公司已成为我国最大的建筑集团和国际承包商，去年名列世界225家最大承包商第14位，全球十大房屋承建商第8位。

进入21世纪，中国建筑工程总公司党组按照"三个代表"重要思想的要求，紧密联系中建总公司的实际状况，认真分析国内外大承建商激烈竞争的市场环境，深刻领会党和国家对国有大型企业的总体要求，深入思考中建总公司在新形势下的发展方向和奋斗目标，领悟到必须以先进生产力支撑核心竞争力，必须以先进文化凝聚全体员工、统领团队，必须从广大员工的根本利益出发，尽快在整体做强上把中建总公司建设成为最具国际竞争力的中国建筑企业集团。

怎样才能实现这个目标？关键是必须从更高的层面，更自觉、更清醒地把"整体做强中国建筑"确定为我们的指导方针，并由此在全系统展开"三个代表"重要思想的具体实践。

（一）

确立"整体做强中国建筑"的指导方针，在思想观念上要解决好三个问题。

一、规模优势不等于核心竞争力的优势。要正确认识"大"与"强"的不平衡性，树立以"强"为本的"做强做大"的观念。

就经营规模、市场总量和总体实力而言，中建总公司在国内建筑业应该说是名列前茅的。到2002年末，中建总公司自有职工12.3万人，其中各类专业技术人员6.2万人；有中国工程院院士1人，国家级工程勘察设计大师10人，享受政府特殊津贴的专家217人，英国皇家特许建造师85人，美国房地产工程承包师10人。在国家新一轮资质就位中，中建总公司拥有一级以上建筑施工资质企业102户，有甲级资质勘察设计、工程建设管理、工程造价咨询企业90户。中建总公司在海外有58家分支机构。2002

第四要义：领导文明力在综合协调推进

年实现合同额超过 750 亿元人民币，完成营业额 616 亿元人民币，均列中国业界第一。中建总公司历来以承建"高、大、新、特、重、外"工程著称于世，创建了一大批享誉世界的名优工程，创造了全国闻名的"铁军作风"、"深圳速度"、"大漠精神"；在"八五"期间国家三大重点工程之一的"神州"号载人航天试验飞船工程中，中建总公司承建的"火箭垂直总装测试厂房综合施工技术"获得国家科技进步一等奖；中建总公司承建的香港新机场客运大楼被世界权威组织评为 20 世纪全球十大建筑之一；到 2004 年末，中建总公司已经荣获中国建筑业最高奖——鲁班奖 80 项。

这一系列辉煌成就令所有的中建人感到自豪和振奋，但也使我们有些同志一段时间以来对中建的"大"与"强"产生了一定的盲目性，自觉不自觉地"以大自居"，忽视了"规模优势"掩盖下的核心竞争力不强的隐忧。

中建总公司党组在深入学习领会"三个代表"精神实质，领会中央关于"国有企业是我国国民经济的支柱"，要"通过市场和政策的引导，发展具有国际竞争力的大公司大企业集团"的要求时，结合当今国内外两个建筑市场日益融合的大趋势和市场竞争多元化的大格局，对历来引以为豪的"规模优势"有了新的反思，对"大"与"强"的不平衡性有了新的认识。

中建总公司作为中国建筑业的"国家队"，其综合发展实力，不仅要国内第一，而且应当跻身于国际同行业领军行列，这才符合中央所提出的"具有国际竞争力的大公司大企业集团"的要求。按照这个标准冷静分析，**中建的经营规模之"大"，一是体现在国内市场的总量上，二是体现在承建房屋建筑的同类工程规模上**。尽管我们有国内外一体化经营的比较优势，境外经营规模与国内同行相比是高的，在我们完成的营业额中，海外营业额的比重也很喜人，去年已占总营业额的 28.4%。但细分起来，海外营业额中相当部分也是在国内,其中 80% 来自香港、澳门地区,还是"一国两制"的范围;而在这个部分当中也是"特区下滑、内地上升"。在每年近万亿美元的庞大国际建筑承包市场份额中,我们所占比例甚少。2001 年全球 225 家最大国际承包商排名第一的瑞典斯堪斯卡(SKANSKA)公司,当年海外营业额 122 亿美元,中建尚不及他们十分之一,可见差距之大。与此同时,市场总量中,中建的房屋建筑业所占比例超过 80%,产业结构比较单一。所以中建之"大"主要是由国内市场和房屋建筑工程支撑的。

在中建总公司"大"与"强"这对矛盾中,当前的主要薄弱环节是"三个不强":**一是规模效益不强**。去年总公司的营业利润率仅为 1.5% 左右,与我们在国内市场的占有率及企业的品牌极不相称。**二是经营结构不强**。中建的国内市场份额主要由房屋建筑工程支撑,顺应投资走向的基础设施领域比重过低,在这方面生产要素资源不足,市场占有过小。**三是海外布局不强**。中建总公司海外承包工程主要集中在亚太、非洲等地区,尽管在港澳、新加坡等地的房屋建筑领域有相当的竞争力,在非洲等欠发达国家的市场上占有一定优势,但在其他发达国家和经济热点地区,尚难以有所作为。海外机构数量不少,但亮点、强点不够多,国际竞争能力和抗风险能力还不够强。

目前,中建主要体现在国内市场总量和房屋建筑同类工程规模上的"两大"受到了严峻的挑战,由于竞争主体趋向同化,以房屋建筑为特长的主营业务受到了国内外竞争对手的冲击,甚至已同若干民营企业处在同一竞争平台上。"三个不强"集中反映出中建总公司在经营结构、经营布局和经营质量上深层次的薄弱环节,实质上是先进生产力水平不突出、不全面、不持久。所谓不突出,是体现房屋建筑先进生产力水平的"高"、"大"、"新"、"特"、"重"、"外"工程已不再为中建所唯有;所谓不全面，是适应大型土木工程先进生产力的生产要素还相当欠缺；所谓不持久，则是上述不突出、不全面的叠加结果，这样就必然使核心竞争力受到威胁。因此，必须在更大范围、更广领域和更高层次上，着力解决"三个不强"的问题，做到"强"与"大"的统一，以"强"为本，不断提高发展质量。只有这样把握，中建总公司在国内外两个市场的竞争中，才能立于不败之地，才更符合"代表先进生产力的发展要求"。

二、局部强势不能算真正的强势。要正确看待局部与整体的不平衡性，树立从整体上"做强做大"的观念。

企业发展的不平衡性是我们在做强做大"中国建筑"的进程中必须严肃面对的课题。在"中建大家庭"的成员中，既有50多年历史的传统老企业，又有一批改革开放的新企业，这就形成了新老企业不同的状况。我们的工程局是超万人的规模，仍肩负着大量的历史遗留问题所形成的拖累，加上体制、观念等方面的传统惯性，难能同一些新型企业在同一起跑线上适应市场竞争。对于以传统国有企业为主体的中建总公司，如果这些问题得不到很好的解决，必然会影响到企业整体发展战略的持续推进。对此，我们按照"三个代表"重要思想的要求，注重先进文化的培育和引导，以推进观念的转变和"中建大家庭"新文化的形成。这个新文化的着力点是针对中建系统内新型企业与传统企业在经营理念、员工的价值观念等方面存在的明显差异，注重把新兴企业所形成的现代文化同老企业的传统文化融合起来，形成具有较强凝聚力的先进文化。中建总公司早在香港地区设立的全资子公司——中海集团，经过近二十年的创业发展，成为中建的脊梁，持续几十年在竞争异常激烈的香港建筑市场上处于名列前茅的地位，并积累了适应市场经济的经营理念和文化氛围。我们客观总结"中海经验"，并在总公司范围内大力推进中海经验，这些经验的基本特点就是，努力推进思想观念的创新，也就是说：**必须**

强化先进文化的统领和引导，用先进文化进一步支撑起"中国建筑"这个大家庭的品牌，用统一的"中国建筑"大品牌，支撑传统企业和新型企业共同发展。

正是如此，有50多年历史的八个工程局在改革发展的过程中，克服畏难情绪，努力用适应市场经济的企业价值观凝聚思想，用诚信理念规范行为，用"中国建筑"的大品牌提升竞争力，目前已有三个工程局年合同额超过100亿元人民币，成为中国建筑业的主力军。这就充分证明，国有老企业在"三个代表"重要思想的指引下，完全能够实现制度创新、体制创新、管理创新，焕发出勃勃生机。

作为国有重要骨干企业，我们必须从国家改革发展稳定的大局出发，正确认识和处理"整体做强"与"局部做强"的不平衡性问题，深刻领会"三个代表"执政为民的本质要求，把注意力集中到"整体做强"上来。在当前日趋激烈的市场竞争中，中建这个有几十万人口的"大家庭"，做到"整体稳定"已经很不容易，如果能够"整体发展"、"整体做强"，将使中建更全面地闪烁着"三个代表"的重要思想。

三、"整体做强"不意味偏护落后。要正确把握"全面发展"与"困难落后"的不平衡性，树立全局观念和"一盘棋"意识。

我们提出"整体做强"的根本目的，是要通过不懈的努力，在中建总公司生产要素的组合上，在竞争能力的提升和团队建设上，让强势的更加强势，先进的更加先进，让弱势和后进尽快向强势和先进转化。这也是"做强做大中国建筑"的题中应有之义。

从总公司困难企业的状况看，问题是比较严重的。截至去年底，总公司有99户亏损企业，亏损面积已达到40%。其中工程局下属36户亏损企业，涉及员工2.3万人，离退休职工1.6万人，分别占到全系统员工和离退休人员总数的19%和30%，不良资产总公司总数的27%，而完成营业额只占总公司国内施工企业完成营业额的8%。对于涉及这么多员工的亏损企业，当然不能采取轻率的消极的办法对待，必须按照"三个代表"重要思想的要求，采取积极果断的措施，最大限度地帮助他们减亏、扭亏、解困。因此我们对那些历史上曾经辉煌而今天面临困难的传统企业，在强调"市场无情、中建有情"的同时，十分明确的提出"中建大家庭"不容忍惰性、不偏护落后、不同情消极。在各种不同形式的会议上都注重选择几个困难企业进行交流，以激发他们的进取精神。积极加大对困难企业的工作力度，进一步调整和充实企业领导班子，加大政策扶持，搞好思想引导，帮助和鼓励困难企业的各级领导和广大员工"自我激励、自我奋发、自我图强"，克服依赖惰性、埋怨情绪和畏难情绪，强化危机感和紧迫感，树立自强不息，拼搏进取的精神；通过艰苦的努力，在"大家庭"的帮助下，逐步扭转劣势，积极地为"整体做强"增添一份力量。

在实施"整体做强"的具体工作步骤和工作方式上，不采取"一刀切"、平面推进的方法，而是必须实事求是、因地制宜、分类指导，针对不同企业的现状，采取不同的改革措施。把"分布实施"、"重点突出"、"分类推进"有机地结合起来，最终达到"整体做强中国建筑"的目标。

随着思想观念的不断调整更新，"整体做强中国建筑"的蓝图也越来越清晰了。总公司党组进一步把中建总公司确立为：**"通过经济活动实现党的政治目标的国有重要骨干企业，通过创造经济效益为现代社会稳定和国民经济发展做出贡献的支柱企业，成为全国建筑业强大的排头兵"**。并把"整体做强中国建筑"作为今后一段时期总公司的指导方针。我们经过广泛发动群众，对照国际国内优势企业找差距，确定了"一最两跨"的目标，即**"把中建总公司建设成为最具国际竞争力的中国建筑集团，要在**

2010 年前全球经营跨入世界 500 强，海外经营跨入国际著名承包商前 10 名"。保证中建总公司在全力推进商业化的进程中，进一步实现中央所赋予国有重要骨干企业的经济责任、政治责任和社会责任的高度统一。

我们深信，这一符合中建广大员工根本利益的指导方针，必将会统领总公司全系统改革与发展的各项工作，必将会统一各级党组织和领导班子的思想和步调，必将会调动和凝聚全体共产党员和广大员工的积极性和创造性。

（二）

为了落实"整体做强中国建筑"的指导方针，实现新时期的战略发展目标，我们依据"三个代表"重要思想的要求，紧紧把握国家发展的战略机遇期给建筑业带来的巨大商机，以观念创新推动制度创新，大力推进总公司的国际化、商业化、集团化进程，加快组织结构、产业结构和产权结构的调整重组，确定了近期要搞好的"五个转变"：

一是在市场开拓上，要进一步向国内市场一体化转变，重在市场准入的资质资源联动方面"整体做强"。目前我国建筑市场实行资质管理和资质准入制度。总公司所拥有的八大资质，是整个"中建大家庭"的优质资源；目前我们还有三个工程资质偏低，市场开拓需要支持。总公司在海外市场的开拓，时间早、领域宽、范围广、力度大，在全国都是首屈一指的；而八个工程局的海外业务相对来说时间较晚、规模较小。要推进总公司与各工程局联动海外市场以及与没有取得特级资质的企业联动国内承包市场，从整体上提升总公司国内外市场竞争的能力。

二是在组织结构调整上，要进一步由"联合舰队"向"航空母舰"转变，重在总承包与专业化配置功能方面"整体做强"。通过必要的整合和重组，建立统一和集中的管理平台，缩短管理

第四要义：领导文明力在综合协调推进

半径，精简管理链条，推进机制整合，实现企业组织结构扁平化的新跨越；在市场布局合理规划的前提下，加快区域性公司和专业化组织的调整，从组织结构上由"联合舰队"的松散型向"航空母舰"的紧密型转变。

三是在经营方式上，要进一步向注重产品经营和资本经营联动转变，重在打造现代承包商经营模式方面"整体做强"。积极建立多种方式的融资平台，开拓更高层次资本运营的力度；加大从单一的土建施工向综合总承包的转变，跟踪实施BOO（建设—经营—享有）、BOT（建设—经营—移交）等总承包方式；加大投资、设计、施工、运营一体化运作，加速发展路桥、隧道、轨道交通、机场、电力以及水务、环保等基础设施承包业务，不断提升中建总公司的市场占位和盈利能力，步入高层次、复合型的一流国际承包商行列。

四是在企业可持续发展能力的提升上，要进一步向技术和管理创新转变，重在低成本竞争、高品质管理方面"整体做强"。积极形成科技创新的先进机制和良好的氛围，努力在专业技术的开发、积累、引进方面，在信息化建设方面，在科学管理方面来培育和提升核心竞争力，使中建总公司真正成为中国建筑业先进生产力的代表。

五是在企业文化形态的变革上，要进一步向学习型企业转变，重在继承和创新的结合上"整体做强"。积极培育和建设有中建特色的、能够代表中国建筑业先进水平的企业文化。依靠先进的企业文化引领和解决企业和员工思想观念的凝聚、方向目标的凝聚、行为准则的凝聚。努力塑造"学习型中建"，培养"学习型员工"，确立终身教育的观念和全员培训的目标。建立市场化、外向型的培养机制，更好地把握市场经济规律和国际通行规则。切实解决好一些单位存在着的"人才流失"、"知识匮乏"、"本领恐慌"等问题，在企业文化和人才建设上构筑素质大厦。

(三)

坚持"整体做强中国建筑",推进总公司整体协调发展,一个不容回避的敏感问题是如何解决企业与员工的关系,分流安置富余人员。这也是全心全意依靠工人阶级,反映广大员工的根本利益的、事关全局的问题。

对国有企业中一部分确实失去竞争能力的单位实施兼并、破产、资产重组,对富余员工实施减员增效、下岗分流,是国有企业改制、转型过程中无法回避的过程,也是一种必须面对的改革举措。

我们坚持了"研究下岗不如研究市场"(这篇文章详见第八要义选读义章第十七篇,著者注)的指导思想;坚持了"把员工的分流转岗于结构调整之中";坚持了"主辅分离、辅业转制、分流安置富余人员"。因为建筑业有春天般的市场,我国固定资产投资每年都以百分之几十的速度增长,建筑市场总量每年都有两位数的增长,建筑业的市场是发达的。美国通用电气公司(以下简称:GE公司)的董事长韦尔奇先生(JACK WELCH)就曾感慨地赞叹:塔吊是中国的"国花"。作为国有重要骨干企业,如果不考虑国家就业压力,不考虑建筑业的广阔市场和中建的实际,简单地把"下岗"当作改革,工作就会陷入误区,就会违背"三个代表"的重要思想。同时在结构调整中大力推进专业化和劳务公司的发展,为更多的员工创造生存、发展的机会。为了强化这方面的政策引导,近两年来,我们在全系统深入总结、大力推广全国劳模余孝德组建劳务公司的经验。2001年12月,中建一局三公司员工、全国劳模余孝德在总公司党组和一局党委的大力支持下,牵头组建劳务公司,自主创业,吸纳70多名转岗分流员工再就业。在短短一年多的时间内,该公司已经运作了8个项目,完工项目全部夺得结构"长城杯",施工总面积达43万平方米,不仅妥善安置并带领转岗分流员工创业致富,同时带动了近

第四要义：领导文明力在综合协调推进

3000 人的外协队伍，为促进社会就业做出了不小的贡献。

余孝德的事迹被《人民日报》等重要媒体广为宣传，"余孝德现象"也成为建筑业乃至国企改革一种特有的现象，引起了全社会的关注。"余孝德现象"体现了国有企业改革创新的精神，体现了工人阶级的先进本色，体现了劳模队伍的时代特征。把"让员工下岗分流"变为"鼓励先进人物带领职工创业致富"，为我们进行企业结构调整趟出了一条成功之路。

我们知道，依靠工人阶级办企业是要调动员工的积极性，凝聚员工的积极性，依靠员工的积极性。只有善于运用先进因素来体现广大员工的根本利益，才能富有活力地推进企业的发展。在这方面，多年来我们一直坚持开展各种形式的"创优争先"活动，培养树立了一批先进典型，譬如：通过宣传树立"921—520"项目部先进集体这一全国思想政治工作典型和全国建设系统行业楷模，弘扬"艰苦奋斗、科技为先、忘我奉献、铸造精品"的"大漠精神"；通过开展"讲述我身边的共产党员的故事"，用身边的典型引导身边的人，用身边的先进事迹引导身边的人，宣传共产党员"诚信、敬业、爱岗、奉献"的高尚情操。

"余孝德现象"出现在中建不是偶然的，它反映了国有建筑企业坚持不断改革、与时俱进的时代风貌；反映了基层党组织善于把先进文化融入党的阶级基础和群众基础的时代特征；反映了基层优秀共产党员永远不脱离群众的高尚理念和情操，集中揭示了一个本质："三个代表"重要思想在基层有强大的生命力。

领导文明与建筑业

第五要义：领导文明善在化解突出矛盾

"善"字大家熟知，我在这里用"善在"是从"善于"方面讲的，但更深函的是从"善意"方面而讲的。如何化解矛盾？怎样体现"善在"？我体会是注重这样三点：一是从善意出发，这是首要的，真诚的善意会得到相互理解的效应，矛盾自然不会激化。恶意不是领导者处理问题的出发点，在国外的中国劳动闹事并发生了行为上违犯当地国家法律的事情，如何处理？我一方面讲国家形象是第一形象的严格要求，违犯纪律的依法处理；另一方面突出讲我们是中华民族兄弟，满怀深情对待劳动工人，较好地化解了这一矛盾。二是善于换位思考，换个位置思考事物矛盾的情况，尤其是如把自己本身摆在其中，往往会找出化解矛盾的思路和良策，在国有企业改革过程中，职工身份变换，尤其是下岗分流等办法非常容易激起矛盾，我总想如果我不处在领导层，而是一名普通职工，该如何理解"下岗"，我感到这是不得人心的。由此我提出了"研究下岗不如研究市场"的命题，这就比较平稳地理顺了一些职工的情绪，而对于必须进行的作业队伍的专业化调整，不是讲下岗分流，而是讲创业致富，从善意出发的效果得到了职员的理解和支持。三是善于思想引导，矛盾激化首先在思想中激化，在这个阶段如果引导不好就会转为行为上的突出

第五要义：领导文明善在化解突出矛盾

矛盾，表现语言过激，行为过激甚至违法，影响社会稳定，上访事件在中建总公司也不在少数，其中中建二局一公司因为与香港一家公司进行股份制改革，员工不理解，出现了三百人集中上访的事件。思考这件事情的前因主要是因为思想引导不利。为了总结经验教训，我提出了"五个正确判断"这是按照中央关于把改革的力度、发展的速度和职工的承受程度结合起来的要求，着力分析如何判断职工承受程度这个问题而总结起来的。五个正确判断是：一是站在员工的立场、观点上进行判断，不能"唯心"判断；二是靠真情判断，不能有怨气判断；三是把思想问题和施政问题结合判断，不能脱离实际判断；四是把企业内部情况和外部环境结合起来判断，不能孤立自我判断；五是从积极因素方面判断，不能从落后因素判断。关于农民工等问题也是容易激化矛盾的一大现实问题，进行积极的指引，寻求合理的组织形式，摸索化解的有效预防办法，也成为我们必须思考的问题，在这方面推进共建工会联合会的工作方式，从长效机制上寻求了化解矛盾的方式。

选读文章之一：

关于处理好我国在外劳务闹事问题

（2004年3月28日在阿尔及利亚处理劳务闹事问题的讲话摘要）

中建大家庭既有我们传统的老企业——我们成系列的八个工程局，也有我们长期合作的战略伙伴——今天在座的各个地方的建工局的同行们。我这次带来的是慰问，但是，我们刚刚在一个轻松的气氛下回答了一个严肃的问题，这个问题可能大家都知道，阿尔及利亚近一年多来有两件大事牵动着中建所有员工们的心。一件很显然是地震，地震震出了中国建筑的声誉、信誉和声威，国人为之震撼。我们在抗震救灾方面所表现出来的中华民族的美德和气概，都是我们至今所应当骄傲的，这件事应当说，对中建的信誉是个极大的提升。特别是我们在这里的工程质量，地震之后经受了严峻的考验，这种考验把中建这种大国际承包商的地位提升到了一个相当的层次，地震震出了中国建筑的声威。另一件是劳务闹事，闹出了中国建筑的名声。这个名声声势不亚于地震，但是它的社会反应负面影响是从来没有过的。所以最近一段时间，中建总公司的领导同志往来阿尔及利亚也恐怕是最频繁的。这不单只是我们中建一个公司的事情，这件事情涉及到了国家与国家的关系，在中国的外交史上第一次发生了我们中国大使向阿国大使道歉的举措，国家的形象受到了伤害，所以在北京，在总公司总部，对我们产生了极大的压力。国家的各有关部门、各方面的领导同志对我们的指示和要求都是相当严肃的。所以我说刚才我们是在一个轻松的气氛下回答一个严肃的问题。那么，借这样一种形式我想讲这样几点：

第一，国家形象是第一形象，为国争光是崇高职责。这么多年来，我们组织劳务输出，我们做工程，我们很少想到为国争光这种概念，这次从反面警示了我们，在国外搞工程，国家形象问题如果不作为第一形象来处理，我们就会发生失误。想来想去还是把这句话作为第一句话告诉大家，要永远牢记！总公司党组为此事还召开了民主生活会，总经理孙文杰同志，主管海外的易军副总经理，包括党组书记我，都做了深刻的检查，这在我们中建总公司的历史上也是从来没有过的，第一次啊。我为什么检查啊，我是党组书记，我是中建总公司稳定工作的第一责任人。为什么是领导责任呢，我2002年来阿尔及利亚，那个时候刚刚有一些苗头，我送给经理部八个字："成也劳务，败也劳务"。回去后，我们主管的部门也把这八个字做为深省的重要的课题，研究

第五要义：领导文明善在化解突出矛盾

到今天还是发生了一些我们不愿意看到的现象。因为我来过这里，因为我指出了"成也劳务，败也劳务"的问题，我才是负有领导责任的；如果我没看出这个问题，我没讲这个问题，我没要求这个问题，就是渎职责任。在我们的深刻检查认识当中只是仅仅把劳务当中的纠纷问题、不稳定问题看成简单的商务活动，没有把这个问题放到国家形象上来考虑。特别是阿尔及利亚，阿方人民对我们相当友好，两国关系也相当友好，这种政治气氛为我们中国公司在这里开展业务提供了很好的大的环境。阿总统相当信任我们CSCEC（这是中建总公司英文名字第一个字母的连写，是中建总公司的英文简称，著者注），对我们做了极高的评价，胡锦涛总书记来阿尔及利亚，点名评价的也唯有我们公司，这是大家的骄傲，大家的荣誉。所以我们要检查，因为这样的事情损坏了国家的形象，对外交史上带来了第一次这样严重的影响。请求处分，这是中建总公司的领导者所应该有的态度，作为工潮事件写入了在阿尔及利亚的历史，有关人员得到了相应的惩处，这是沉痛的现实教训，但愿它成为历史的回顾。教训确实是沉痛的，所以我说今天的会议是特别的会议，我们在国外开展工作，在阿尔及利亚，最大的教训就是没有把国家的形象放在第一位，不管我们总包方、分包方、各个项目组，损坏了国家形象，都要受到惩处，在这点上我们也很内疚，我们对各个分包企业、各个劳务企业没有进行这样的教育，这是我们的责任，他们不懂、不清楚，为了眼前的利益、一时的冲动引发了不轨的行为，我们负有教育的责任。在经理部领导班子会议上我也讲到为国争光的问题，我们的思想意识要树立起来。我们有企业的形象、员工队伍的形象、个人的形象，在这里什么形象最大？国家形象！严格的说，在阿尔及利亚，关于稳定问题，我作为第一负责人都负不起责任来，第一负责人是大使。我们应该把工潮这样一个不光彩的事情把它变为增进我们国家形象、国家观念的一个生动的教材。以后再新来的劳务人员，包括在北京未出国前就要进行这样的教育。

第二，劳务队伍是民族兄弟，深情管理是我们工作的职责。

想来想去，我要讲这个问题，劳务队伍和我们什么关系？我们是民族弟兄。在国内，中央有明确的态度，进城务工的农民工是工人阶级的新成员。这句话很深刻。是民族，是兄弟。我们中国的国情是人口多，底子薄，相当之贫困的地方和人民不在少数，有多少家庭希望有一个劳务能够走出去，能够变穷为不太穷，变富不敢说。我曾经也到黑龙江相当贫困的地方去看过，情况怎么样呢？春节，中建总公司有个规矩，叫"四看"：看望老干部、看望困难企业、看望困难职工、看望劳动模范。今年增加一个，就是看望农民工。我到一个困难家庭去看望过，他是我们中建员工的一个困难家庭，一个孩子考上大学，全家为他筹集学费都相当相当困难，七十多岁的两位老人大冬天不用暖气就是为了给孩子省学费。我们总公司马上决定，凡是中建这些困难员工中有考上大学的，我们负起责任来。中国有相当数量的农民生活在贫困线下，都希望能有一个劳务出来，改变家庭的生活面貌。目前，全国进城务工的农民工接近1亿人，有2700万人在建筑业工作，我们中建集团自有职工12万人，长期稳定的外联施工企业的队伍总数是30万人，拉动的工作岗位又容纳了30万人的社会劳动力，形成了总共50~60万人的就业岗位。我们有幸组织他们中的一部分到国外。大家想一想，他们能够出国做点工作，家里人为之高兴，他们为有这样的工作感到兴奋，我们是在做一件大好事。所以一定要把我们的劳务队伍看成是我们的阶级弟兄、民族弟兄。这不是我的话。今年国内召开两会（人大和政协），在两会上，分组有个发言，会前通知我就"解决拖欠农民工工资问题"发言，我们提议建立农民工工资的"快车道"、"直通车"的机制问题。现在我们也了解到管理环节层层有克扣农民工工资的现象，这已经作为国家的大事在研究，是不允许的。所以我在这里提

第五要义：领导文明善在化解突出矛盾

议，既然是民族的弟兄，就应该满怀深情的管理。说阶级情感还是对的，不说还是不对的。我们为什么不充满感情的对待呢？劳务队伍是我们的对立面吗？我们给他们创造了舞台，他们应该感谢我们。无论是总包单位还是分包单位，我们是他们的组织者，但是我们的利益必须只有通过劳动者的创造，才能够获取，这是很重要的一个思想。我们把签定合同的兴奋，一定要延伸转为我们能够获取利益的机会，有了合约不一定能获取利润，不一定能创造价值，怎么才能创造，马克思告诉我们了，只有通过劳动者的直接劳动才能变为有效价值。我们分包单位、总包单位才有利益可得，这是一个基本的原理。我们的劳动者劳动没有效率，只有情绪、牢骚、甚至闹事、罢工，效率没有了，利益也就没有了。所以说，我们应该千方百计深情于劳务当中，靠他们的积极性，靠他们的双手才能把大楼平地而起。我看了，如果这个环节注意不到，怪罪他们、埋怨他们都无济于事，他的个人损失我们看着心痛，更重要的是我们总包、分包的利益也受到了极大的伤害。满怀深情的浅显之理，最后受到损失、伤害、惩罚的是我们责任主体，包括我们中建的总包方、各分包方。所以我说满怀深情的沟通是一个重要的方式，中华民族的特点是讲感情，讲沟通。我在基层也带过队伍，带队伍是有技巧的，因为你讲些道理他不一定理解。我过去讲过发挥组织力，有的时候有非组织力，非组织力就是既不是党的组织在发挥作用，也不是工会的组织在发挥作用，这个非组织里面有"头"，这个"头"组织形式上是非法的，但是他的活动无可非议。你把在非组织里面的"领导者"疏导好、领导好，很可能为你有组织的工作做了一大半。沟通的问题如何深情劳务队伍之中，就是要讲清道理、引导思想、规范行为、严明纪律。思想只能引导，不可强求。教育、引导是我们的职责，行为一定要规范。讲制度、讲纪律就是规范他的行为。深情管理队伍之中，防范工潮是很重要，很有效的，我们既是劳务队伍的组织者又是劳务队伍的服务者，我们在为他和他的家庭开辟道路，创造就业的机会，同时我们也是他的服务者。有一些劳务工人是很脆弱的，有的时候他们心里的脆弱会朦胧的发生行为的失控，如果我们服务的情感到位，会防止一些不良行为的发生。我们发的责任状体现什么呢？体现我们劳务队伍的组织者又是劳务队伍的服务者这样的概念，你们不能够把我们的劳务队伍看作劳工，我们是共产党执政领导的社会主义国家，我们的国有企业是国家公司，我们组织的劳务队伍不能视为劳工。总之，我希望把这段话作为制定制度、加强管理的思想基础。

第三，建立机制是当务之急，维护市场是我们的共同任务。国家实行"走出去"战略，劳务走出去是其中重要的方面，是中国的资源优势，不能因为出现一些问题就失去组织劳务走出去的这样一个大政方针。因此，尽管我们这里发生这样一些问题，我们应该放下包袱、轻装上阵，组织劳务，走出国门。这点思想上不能动摇，国家也是这样对待我们的。中建总公司最高级的领导做了这样深刻的检查，但是我们仍然说要总结经验、反思教训，继续实施走出去，带动劳务，毫不退缩、毫不动摇。我讲的这段话也是今天讲的落脚之点。今天我们签定责任状干什么呢，是走出去战略长远之计的现实要求。从长远来看，我们确实存在项目全过程管理不够，薄弱环节突出，拖我们的工期、拖我们的信誉，不可低估。我们的劳务全过程管理不够，很不够！工人怎么组织起来的，怎么筛选的，离开国门之前怎么培训的，怎么教育的，环环都有不到位的地方，我们看到这些问题了，针对这些问题我们要完善我们的制度。但是当务之急是劳务队伍的稳定问题，长远的就是在国内建立劳务基地，但是我们在这里近万名劳务如何不再发生类似事件是当务之急。所以稳定机制是今天我强调的第三个问题，这是当务之急。稳定机制，多种方面。我认为，上下联通，"信息反馈快捷，应急措施到位"，这是当前稳定

第五要义：领导文明善在化解突出矛盾

机制、应急机制、必须做的机制。信息反馈快捷，怎么才能做到信息反馈快捷？现在劳务工人的结构、劳务工人的成分、劳务工人的情况、劳务工人的追求较之前些年很不一样，所以稳定机制建立在这样的层面上，怎么做到"信息反馈快捷，应急措施到位"，要抓好两条线，即项目管理一条线，分包队伍管理一条线，两条线一个目的就是做到信息反馈快捷。所以我们要在这里签定的责任状，大家还要层层的深入到劳务队伍的管理环节之中。我们在国内有个办法，也供你们参考。因为国内，解决中建总公司30万农民工不因为工资拖欠而发生不稳定的问题，我们创造了以项目为载体的工会联合会的形式，创造这种形式就是为了快捷的掌握劳务工人的思想情绪，抑制苗头性的一些事项，我们党的组织、工会的组织就是在这个过程当中发生了重要的作用。我们要深入到劳务队伍当中，交流感情，掌握大家的思想动向，有什么不愉快的心情要化解在基层。信息反馈快捷就要广交朋友。我们是民族的兄弟，有话好说，有事好讲，有什么困难好办。应急措施到位，是我们组织的事。不要侥幸，要有备无患。侥幸是个大害，事情往往发生在侥幸的过程当中。侥幸之事故，后悔之莫及。这样做在阿尔及利亚十分之必要，因为阿尔及利亚的市场对搞建筑的来说是非常有前景的市场。可以这样说，中国建筑工程总公司，在这里某种程度上已经是国家公司的形象，阿尔及利亚人民也是这样认为，我们的信誉不可辱。我们总公司对待阿尔及利亚这面旗帜，不能因为工潮的事件对信心有半点损伤。大点、亮点、支撑点。大点当然要我们做成规模，亮点是要做好。有工潮就是给我们抹了点黑，叫做大而不亮，要形成亮点，使我们海外事业成为中国最具竞争力的跨国公司的很重要的支撑点，这条没有动摇。所以啊，有幸与各位共同致力于中建大家庭在阿尔及利亚的发展，我们过去有着深厚的交往，今后我们共同面对这个市场。大家都知道国内搞建筑竞争的激烈程度比这里有过之而无不及，过去是僧多粥少，现在是狼多肉少。你死我活，多么辛苦的能争到一个工程，太难了。所以我们应该维护在这里的市场，为了我们共同的发展，我还是说，我们是个中建大家庭，我们在阿尔及利亚各个成员共同的利益形成一个整体，有事情不要怪罪，必须这样，才能把我们这里的市场继续做大。当然了，我们各个环节，包括我们总包单位对待分包单位，分包单位对待劳务管理，都存在着工作过程当中的一些不协调，甚至互相有些怨气的那样一些问题，这都可以解决，都可以在大道理下求得我们一致性的认可。我是很有信心的，我们中建总公司也是很有信心的，继续把阿尔及利亚这个市场做大，今天我和青岛的负责人交谈的过程中他笑谈说，在阿尔及利亚，只要你中建大旗不倒，一定是红旗彩旗飘飘。什么意思呢？就是我们中建是一面大旗，那些分包就是彩旗，大家一起飘扬在这里，出了事大家不能互相埋怨，应该互相沟通共同理解，化解那些问题。我觉得这些话很可能反应了那些分包的心意。总之，珍惜我们的过去，处理好当前面临的问题，更要面向我们这里发展的市场、发展的空间，求得我们更大的成绩。

选读文章之二：

关于共建工会联合会，解决好农民工问题
（2004年3月1日在中建一局共建工会联合会现场会上的讲话）

一、提高认识，增强做好与农民工队伍共建工会联合会工作的自觉性。

这个问题就是回答为什么要推动各施工企业与农民工队伍共建工会联合会？

第五要义：领导文明善在化解突出矛盾

首先，我认为我们中建总公司各企业与农民工队伍共建工会联合会是增进和扩大党的阶级基础和群众基础的迫切要求。这是从"三个代表"重要思想的高度来透视这个问题的。大家知道，我们党作为执政党，是工人阶级的先锋队，同时是全国人民和中华民族的先锋队。两个先锋队是执政党的性质决定的。革命时期党只讲是工人阶级的先锋队，是为了推翻统治阶级，夺取政权；取得政权之后，讲两个先锋队是为了不断增进党的阶级基础和扩大群众基础，更有利于巩固执政党的地位和提高执政党的执政能力。我们都深深的感到，巩固执政党的地位，加强执政之基的建设非常重要。江泽民同志曾讲到，"基础不牢，地动山摇"。基础就在打牢基层，就要不断地加强基层建设，基层加强不了，基础就牢不了。当今社会的"基层"已变得丰富多彩，除了我们传统概念上的乡村、企业和社区等基层，一些动态性的新型基层单位也已成为普遍性的现实。尤其是亦工亦农、亦城亦乡的劳动者以不同的组织形式分布在各个行业，发挥着作用，有些已成为一些行业的主力军。据不完全统计，2003年共有进城务工人员9900多万人，总量已经超过了城镇国有和集体职工总数。在一些行业的一线工人中，建筑业的90%、煤矿采掘业的80%、纺织服务业的60%，已成为农民工的舞台。中央领导同志曾高瞻远瞩、一语中的、精辟的讲到，进城务工的农民工已经成为我国工人阶级的新成员。这是对进城农民工本质上的新认识、新概括。那么就要对亦工亦农、亦城亦乡的新型基层单位有新的认识和新的概括。春节前我们去中建一局三公司水电分公司慰问农民工，在座谈中了解到，他们的工作十分深入和细致——他们对上千名农民工队伍进行过调查，结果显示：当前的务工农民已同初期大不相同了，工龄在6年以上的达60%，其中25%在10年以上；初中以上文化程度的达60%，其中34%为高中文化。他们在调研中还发现，广大农民工表达出了成立一种组织的愿望，通过这一组织能够帮助他们学习一些法律方面、安全方面、还有其他一些生活方面的知识。农民工并没有对维护他们的合法权益提出太高的要求。我们作为国有企业的基层党组织，就应当成为他们的忠实代表，这符合"三个代表"重要思想在基层的要求。中建一局三公司还针对当前农民工中党员比重比较少的情况，打算先建工会再建党组织。可见基层领导同志的认识是很有政治高度的。因此，工会作为工人阶级的群众组织，显然应当以此为理论基础和认识基础，把工会组织延伸到以农民工为主体的动态的新型基层中去，延伸到农民工队伍中去。这是提高执政党执政之基必要性的需要。各单位党委书记带队来参加这次会议，本身就能说明这个问题的重要性。

其次，中建总公司各企业与农民工队伍共建工会联合会是提高项目生产力的必然要求。之所以讲是必然要求，就是因为国有建筑企业的用工制度改革，从1984年开始就逐步把农民工请了进来，尤其是在企业内部管理层与作业层两层分离的过程中，已把作业层的市场空间转换给了成建制的农民工队伍。发展到今天，全行业从业的3800万人中已有2700万人为农民工，他们已经成为建筑业劳动者的主力军，已经成为实现项目生产力的主要承担者。目前，中建总公司在职职工有12.5万人，其中工人身份的只有4万人，而高级技师只占4万人的5.3%，比例很低，但是我们中建总公司承建的栋栋大楼拔地而起，鲁班奖等优质工程多多，是谁的双手呀？这里有我们必须感谢的30万与我们长期合作的农民工队伍。

这些年，我们大力推行中建总公司的文化建设，我们已经从项目生产力的理论认识，提出了项目文化的新概念。项目文化显著特征之一是露天文化，由于是露天文化，所以广告性很强。我们已通过"CI"战略（即企业形象战略，著者注）充分利用了工程项目的露天现场来充分展示、推进企业的形象建设。项目文化

第五要义：领导文明善在化解突出矛盾

显著特征之二就是劳动者文化。建筑企业可以是技术管理密集，但工程项目经理部一定是劳动密集。技术管理密集，密集不出拔地而起的高楼大厦。因此，在项目这里的劳动者文化，实际上是以农民工为主体的项目文化建设。从这个意义上讲，创建工会联合会的组织，以项目文化建设为载体，大力提升农民工队伍的素质和技能，来大力提高项目生产力的水平，就应当成为我们工会工作的重要任务。

第三，总公司各企业与农民工队伍共建工会联合会是加强职工队伍建设的现实要求。 当前，国有企业职工队伍从概念到范畴都发生了新变化，已经趋于了社会化，不再是固定职工的老概念了。今后随着人才管理市场化、社会化的发展，这种职工队伍的新构成会越来越呈现出新的面貌，我们对于职工这个概念要有新的认识、新的理解。劳动者不被我所有、要为我所用，职工队伍的构成和形态是会有新意的。在建筑业生产方式的变革中，总分包的经营管理模式已成为主导模式。那么工作在这种模式中的劳动者，必然随总包与分包的经济关系而处在不同的空间和不同的地位，成为两个部分，因此所反映出来的职工队伍中的问题也大不相同。相当的一部分集中在分包单位，而分包单位的职工，大量是农民工，他们和我们并没有劳动合同关系，那么要不要把他们也看作是我们职工队伍建设中的新的成员、新的对象？我看必须把他们放进来，否则我们队伍当中会出现一些问题，一些棘手的问题，诸如劳务合同关系问题、合法权益保护问题、安全生产技能教育问题、工资兑现问题等等，这些问题多发生在农民工中间。一旦发生了问题，责任就都在总包单位，不解决又不行，往往给工作带来被动。所以，我们职工队伍建设也要有新的概念，以"为我所用"的总量对象来加强职工队伍建设，当前反映在分包队伍中的问题更为突出，这些问题集中起来还是农民工队伍的问题。通过共建工会联合会这一组织形式，建立起我们与农民工队伍的桥梁和纽带，以增进企业与农民工队伍的更加紧密的联系，并可以加强总承包企业和分包单位的协调工作等。

二、学习推广中建一局经验，扎扎实实地做好共建工会联合会的工作。

这个问题就是回答怎么样共建工会联合会的问题。这个"怎么样建"的问题，中建一局的经验应当是配套的，局这个层面干什么，公司这个层面干什么，分公司这个层面干什么，项目这个层面干什么，四个层面相互配套，所以消化这套经验，我在这里只是简要做点提示。简明归纳起来要注意这样几点：

第一，要从思想认识上抓起。 层层都要注意这个问题，加强学习，领会精神，从思想认识上抓起，排除糊涂观念。这是开展任何工作的常规经验。不从这一点抓是行不通、办不成事的。所以大家要用我前面讲的为什么要共建工会联合会的必要性要求、必然性要求和现实性要求来统一思想，加深认识，宣传群众，教育员工，既要统一自有职工队伍的认识又要统一农民工队伍的认识。但这里的关键还是提高各级领导同志的思想认识，这是当前加强领导班子思想政治建设的内在要求。这既是提高政治观念的要求，更是增进群众观念的要求。

我在这里对领导干部再加上一段话，最近中央组织部对53家中央管理的国有大企业的领导班子思想政治建设进行了调查研究，选了几个重点企业，中建总公司很荣幸的名列其中。前几天，中央组织部调研组就加强国有企业领导班子思想政治建设问题来中建总公司和中建一局党委进行了座谈，中组部计划2004年9月召开国有企业领导班子思想政治建设的会议，提出这方面的要求，加强这方面的工作。中组部在调研过程中，很关注的问题就是领导班子的思想政治建设问题，看什么呢？就是要突出看领导班子的群众观念。群众观念不强，何谈政治观念，何谈组织观念。所以，在这个问题上，从思想认识上讲，不是解决一般职工

第五要义：领导文明善在化解突出矛盾

的认识问题，也不是解决农民工的认识问题，而是解决我们各级领导班子的思想认识问题。抓你们的认识，看你们在这个问题上敏感性如何，政治性如何，看你们思想认识到位不到位。

第二，要从最基层启动。农民工队伍都工作在企业的第一线，是最基层。无论基层组织的形态如何，都要从基层抓起。中建一局三公司水电分公司为在分公司层面上的建会工作提供了经验，而二公司则在工程项目建会方面走在了前面，然后渐渐统一到公司怎么办、局怎么办这个层面上来。对基层要做分析，对外施队伍要做调查研究，总结经验，这就为集团公司工会系统与农民工队伍工会系统共同建立三个层次的联系机制提供了基础条件。

怎样选基层？中建一局经验是坚持先易后难的原则。这样能够保证建会工作有个好的开端，以利推进。先易就是建会条件比较好的，一般是把握三条，其一成建制，其二管理力量相对完备，其三工程项目合同期限在半年以上。这样三条是选择最基层单位的基本条件。这些队伍本身的组织体系比较健全，通过他们以工程项目为基层单位建立工会组织，可以对项目上的其他农民工队伍起到示范作用，用他们的经验来引导那些规模较小、合同期较短的队伍来建立工会组织。在工作切入点上，也要体现先易后难的原则。中建一局的建会工作之所以能够得到农民工的欢迎，在于他们从农民工普遍关心的生活、福利、安全等问题入手。

第三，要从制度建设上推进。中建一局从基层启动后，就着手建立各个层次上的规章制度。中建一局三公司在组建分公司和项目工会联合会时就建立了三项制度：一是委员代表制度，即工会联合会主席由总承包单位工会主席担任，委员由劳务分包单位选出的工会主席组成。二是联席会议制度，即工会联合会采取联席会议制度，工会联合会下设劳动争议、安全生产、宣传文体等工作小组，定期开会沟通工作。三是动态管理制度，即每支队伍随着施工任务的完成或承接，其在工会联合会的席位自动注销或替补。我感觉他们的一些做法很好，比如年前发工资，过去有这种现象，有时候总包单位给了分包单位，分包单位不能按时足额的发放到农民工手中，有扣留的部分，但是矛盾还是引发到总包身上。现在有了工会联合会，分包单位的工会主席，是由农民工选出来的，并不是分包单位的领导，工会主席主持发工资，旁边坐的是那个分包单位的领导，现场签字，工会直接发放工资给农民工，分包单位截流不了，这种方式在必要的时候是有效的。

中建一局集团确定了基层工会联合会有五项主要工作内容。同时决定把制度建设和开展有益活动结合起来，通过工会联合会开展创建职工之家的活动，在工程项目上推动"职工小家"的建设。

总之，基层启动之后，必须马上上升到制度建设上来。否则，基层会有很多困惑的问题解决不了。

选读文章之三：

化解突出矛盾的思想武器
——把"三个代表"重要思想落实到基层

一、把握好改革、发展与稳定的关系，坚持积极求稳定的指导思想，是把"三个代表"重要思想落实在基层的现实要求。

关于改革、发展与稳定三者的关系，大家都比较清楚，这就是发展是硬道理，改革是发展的动力，而稳定则是改革和发展的基本前提，不改革就不能发展，不发展就没有稳定，而改革和发展又都必须有一个稳定的环境。那么，当前在处理三者的关系

第五要义：领导文明善在化解突出矛盾

上，我们究竟面临什么现实的问题呢？这个现实的问题就是有的经济学家所概括的叫做"效率"与"就业"的社会问题。所谓效率是讲企业要增效，而增效又必然涉及调整员工，难免减员，分流下岗；所谓就业是讲国家要提供就业环境，降低失业率。可见，企业减员增效与增加社会就业形成了突出的矛盾。在这对矛盾的运行中，如果企业减员对社会就业的压力增大到威胁社会稳定的时候，经济杠杆就要实行政策调节，否则，就会失去平衡，造成不稳，处理不当也会成为一个政治问题。当前我国就业形势怎么样呢？我们略算几笔帐，一是我国每年新增劳动力 1300 万人左右，而当年国家所提供的就业岗位也就在 800 万人左右，一年剩余劳动力就是 500 万人；二是近几年下岗职工近 4800 万人，经过努力实现再就业的达到 3000 万人，还有近 1800 万人仍在"下岗"，这个数是很可观的，是韩国一个国家的劳动力总量；三是社会一年劳动力总量是 7.3 亿人，把农村劳动力计算在内的失业率已经上升到 33%，可见就业矛盾已成为主要问题。

解决就业问题的根本出路还是在于加快发展，GDP 每增长 1 个百分点，能解决 80~100 万个就业岗位，增长 7% 就能新创造 560~700 万个就业岗位。而保 7% 的增长速度的重大举措就是坚持扩大内需。这就是因为消费和出口两辆马车的拉动力已显不足，国家增加基础设施投资将成为长期的战略方针。近几年国家投放了 6100 亿元人民币，带动了两万亿元人民币建设项目的规模。今年又发国债 1500 亿元人民币。预计今年我国全社会固定资产投资将超过 4 万亿元人民币，比去年增长 10% 以上。我们知道，固定资产投资的一半以上就是我们建筑业的产值，可达 2 万多亿元人民币，这是一个十分庞大的建筑市场。许多外国人到中国来，看见这么多工地，这么多塔吊，都很惊叹和羡慕，他们称中国的国花是"塔吊"，就是对这一市场的生动描述。有市场就有发展的空间，有市场就有稳定的基础，坚持积极求稳定的指导思想就有客观的条件。六局的发言就是最好的例证。锦章同志（是指当时的中建六局局长刘锦章同志，著者注）到六局表示了一定要"把心放在六局、把劲使在六局、把未来交给六局"的感人态度，并与士洪（是指当时的中建六局党委书记王士洪同志，著者注）及班子同志一起坚持了一条正确的思想路线，积极抓市场，抓经营，发展生产力。他们体会到，多一份合同定单，就增加几份信心，就能稳住一片，因为这是广大员工的根本利益所在。建筑业作为劳动密集型行业，在深化企业内部改革中，必然遇到如何解决企业结构调整、处理好职工分流调整等问题。但是，如果不通盘考虑国家的就业压力，不考虑建筑业市场广阔的特点和中建的实际，简单地把下岗当作改革，把下岗多少作为改革的力度，我们的工作就会陷入误区，就容易产生新的矛盾和问题，使改革难以取得预期成效。最近中央领导同志一再强调，买断工龄是买不断的，这样搞又会出现"拿起筷子吃肉，放下饭碗骂娘"的情绪。企业买断，国家兜底，企业减员，社会增压，这在我国社会保障制度还不健全的情况下就会易发不稳。也很奇怪，相当一段时间一讲改革就是员工下岗，一听经验就是把减掉多少人员称为改革力度大，有成效。我认为，这是一个偏见，判断改革成败得失的惟一标准仍然是"三个有利于"。中央非常希望今后会听到一讲改革就是市场发展，就业增加，员工得实惠。这才是"三个代表"在基层得到落实的良好表现。

中建一局的发言，已从他们的实践中给了我们这样一份有意义的答案。最近，人民日报、人民画报到总公司采访，主题都是"三个代表"在基层。我同他们讲了一局改革中的一些情况，是以劳模余孝德现象来谈论的。对余孝德组织职工创建专业劳务公司、拓宽就业渠道的做法，我把它归纳为："三个现象、一个本质、三个体现。"

三个现象：一是创新现象。余孝德以股份制形式创建劳务公

第五要义：领导文明善在化解突出矛盾

司，这是解决企业内部作业层生存发展的新路子，以前是内部劳务市场、劳务公司，现在成了独立法人实体，加上股份制改革的手段，创造了两层分离的新模式，是对企业多年进行的员工结构、组织结构调整的新发展。二是本色现象。工人阶级的本色是什么？我们党是工人阶级的先锋队，工人阶级的本色就是他的先进性。那么当代工人阶级的先进性应当是什么？这就提出了一个很现实的问题。不同的时代，先进性有不同的内涵。对先进性的要求，其闪光点也会有不同的表现，先进性也在发展之中。在建筑业这个完全竞争的行业中，应当把先进性表现在市场竞争上来，敢于冲击市场，拼搏市场，用敢于竞争来体现先进性。余孝德在一局领导同志的帮助和支持下敢于把一部分员工组织起来，带领大家拼搏市场，提高竞争力，表现出了当代工人阶级先进性的本色。三是劳模的当代形象。树立劳模是我们党发挥典型作用的一个传统工作方法，典型引路是一条成功的经验。榜样的力量是无穷的，榜样也要有他的时代性，发展他的先进性。在劳模问题上我们也要冲破传统观念，也要与时俱进。敢于带领大家致富是不是劳模？如果放在当代看就是劳模，他的带动力不但解决了一部分人的思想观念，更重要的是拉动了一批人走向市场，解决了更多人的转岗分流和就业问题，应当说这是很有贡献的。我们党作为工人阶级的先锋队，就要鼓励劳模带领更多的人走向市场，发展企业，富裕员工。

　　上述三个现象揭示了一个本质，这就是充分体现了江泽民同志"三个代表"重要思想在基层的伟大实践。贯彻落实"三个代表"的重要思想不同领域有不同的任务，宣传阐述是理论界的重要任务。对企业来说，就是要实践"三个代表"，解决改革和发展中的问题。余孝德公司既面向企业，又面向社会，承接的项目多了，公司的生产能力翻了一倍，生产力水平大大提高了。按过去的观念他不会脱离国有企业，把自己变成一个小老板，现在他敢于站出来,组织员工闯市场,创业致富,这是观念上的与时俱进,是先进文化武装起来的结果。

三个体现,一是体现了中建一局不断改革、创新发展、与时俱进的时代风貌。假如一局不改革,不进行专业组织结构调整,不搞两层分离,不引进股份制,能有余孝德现象吗?二是体现了基层党组织善于把先进文化融入党的阶级基础和群众基础的时代特征。先进文化具有宣传群众、教育群众、组织群众的重要作用。在余孝德问题上,党组织是把发挥思想政治优势,密切联系群众优势和运用市场机制有机结合了起来。以公有制为主体,多种所有制经济共同发展是我国现阶段的基本经济制度,这个制度里面的运行成份就有阶级基础和群众基础。而余孝德现象就是把阶级基础和群众基础结合了起来,体现了先进文化的引导作用。三是体现了基层优秀共产党员在市场经济环境中密切联系群众的时代风范。党员身边有群众,群众身边有党员,带领员工创业致富,这是党员不脱离群众的具体表现,有很强的现实意义。可以说,余孝德现象里面,有改革——创建股份制公司,实现了两层分离;有稳定——解决了一部分员工的就业问题;有发展——经营和生产能力都提高了。余孝德现象给了我们许多启示,为我们进行员工结构调整提供了比较好的思路。最近,在中央企业党建和思想政治工作研究会成立大会上,我听到了中央企业工委领导同志讲的一个故事,叫做"虎的故事":主人养了一只虎,后来主人没有能力再养了,于是就决定放虎归山,结果到了晚餐时间它又回来找主人要食吃。这个故事告诉我们,国有重要骨干企业不能简单地对员工买断工龄,推向社会,而要创造条件,转岗分流,实现再就业。

二、尊重工人阶级的主人翁地位,调动好员工的一切积极因素,是贯彻"三个代表"重要思想的本质要求。江泽民总书记在"5.13"重要讲话中已明确提出执政为民是三个代表的本质。同时强调,"必须最广泛最充分地调动一切积极因素,不断为中华民族伟大复兴增添新力量"。这些重要论述,深刻总结了我们党80多年来的基本经验,体现了我们党对执政规律的深刻认识。党是工人阶级的先锋队,全心全意为人民服务是党的根本宗旨。党的性质和宗旨决定了党同人民群众的血肉联系,这是我们党在革命和建设进程中的政治优势。在我们企业里要保持和发挥这个优势,就一定要尊重工人阶级的主人翁地位。之所以提出这个问题,是因为随着改革的深化和市场经济体制的建立,企业在用工制度、用人方式方面,员工在择业观念和方式上都发生了变化,员工的流动性大大的增强了,一辈子都在一个企业工作的现象必将会越来越少。国有企业引入了合同制、聘用制、任期制等不同的方式和方法。在这种情况下,企业与员工之间的关系是不是发生了本质的变化,企业的主人是谁?还要不要提职工当家作主?许多人都觉得比较模糊。

最近有关机构就关于国有企业职工是不是企业主人的看法问题进行了调查,结果很值得深思。共有168人对这个问题发表了意见。主要有两组数据。

第一组数据认为:职工既是国家主人,又是企业主人的60人,占36%;认为职工是国家主人,但不是企业主人(包括感受不到、体现不出是主人,或者认为口头上是实际上不是,或者过去是现在不是,或者政治上是经济上不是,或者中央说是下面不把职工当主人,或者从来也不是主人)的57人,占34%;认为职工既够不上国家主人,又不是企业主人的29人,占17%;认为职工是国家的主人,但在企业里半是主人,半不是主人,实际上并不是主人的21人,占12.5%;认为职工已经不是国家主人,但仍然是企业主人的1人。

这组数据表明:1. 认为是国家主人的共138人,占82%,但有30人认为不是国家主人,占18%,有点出乎意外,值得分析思考。2. 认为不是企业主人的多达 107 人，占 64%。持这个看法的，基本上是从实际感受来说的，占了大多数，同样值得分析思考。

第二组数据：在 30 名公司（局）级领导干部中，认为职工既是国家的主人，又是企业主人的 18 人，占 60%；认为不是企业主人的 12 人，占 40%。在 80 名处级干部中，认为既是国家主人，又是企业主人的 27 人，占 34%；认为不是企业主人的 53 人，占 66%。在 31 名基层区队干部中，认为既是国家主人，又是企业主人的 11 人，占 35%；认为不是企业主人的 20 人，占 65%。在 27 名工人中，认为职工既是国家的主人，又是企业的主人的 4 人，占 5%；认为不是企业主人的 23 人，占 85%。

以上两组数据表明：工人中的绝大多数，即 80% 不认为自己是企业的主人，感觉不到自己是主人，而基层区队干部和公司（局）级干部与工人的看法比较接近，分别占了大多数。但公司（局）级干部的多数则认为职工是企业的主人，领导和群众在这个问题的认识上差距较大，值得注意。

最近，中央又发出了"关于在国有企业、集体企业及控股企业深入实行厂务公开制度的通知"，强调广大职工依照法律和规定参与企业的民主决策、民主管理、民主监督，是我国企业管理的重要特色和优势。并就厂务公开的指导原则、总体要求、主要内容、实现形式和组织领导都作出了具体的规定。我感到，这个通知对保证工人阶级的主人翁地位，落实全心全意依靠工人阶级的方针，搞好企业改革和企业管理都具有很现实的意义。对于我们中央直接管理的国有重要骨干企业来说更应该贯彻好、落实好这个通知。

工人阶级是党的阶级基础，我们企业的员工都是工人阶级的一部分，经营管理者也是工人阶级的一部分，经营管理者与广大员工的根本利益是一致的，都是企业的主体。有关领导同志最近

第五要义：领导文明善在化解突出矛盾

讲，国有企业的党组织应是员工利益的代表，包括退休职工，解除劳动合同的员工，下岗待岗的员工，这是党组织的一项重要职责，是党执政为民在企业的具体体现，是党组织保持先进性和体现群众性之所在。中建总公司在机构改革中实行了合同制、聘用制，作为工人阶级的员工成了聘员。在这个过程中，大家的心态虽然发生了一些变化，但仍然以主人翁的态度来关心企业，从"三讲"以来总部不少员工积极提出一些意见和建议的情况看，就体现了这一点。这是我们的一种优势，员工作为国有企业的主人是不可动摇的基本观点，聘员不是雇员，根本性质没有变。只有解决好这个问题，我们才能做到上下沟通，互相理解，凝聚人心，最广泛最充分地调动一切积极因素。企业党组织要有针对性地研究实行合同制、聘用制过程中出现的新思想和新问题。比如实行合同制、聘用制，员工在工作中容易偏重于执行型，领导怎么说自己就怎么干。聘员需要服从，而主人则需要创新，那么聘员与主人，服从与创新如何统一起来？再如，员工是企业的主人，那么主人的作用怎样发挥呢？一方面把员工装在心中，一方面教育员工转变观念，适应变化。中建六局班子提出"真正把群众的呼声当作第一信号，把群众的需要当作第一选择，把群众的利益当作第一考虑，把群众是否满意当作第一标准。多做群众高兴、满意之举，不干群众伤心、生气之事。"这体现了他们贯彻落实江泽民总书记提出的要"永远与人民群众心连心"的态度和决心。总之，企业党组织不能脱离员工群众，要从大家关心的实际问题出发，把解决这些问题作为我们工作的落脚点，这样才能把"三个代表"在基层落实好。

三、保持改革和发展的势头，解决好当前员工思想稳定和行为稳定的问题，是落实"三个代表"的重要思想的紧迫任务。江泽民总书记提出了当前全党的任务就是讲大局、讲团结、讲稳定。目前中建总公司总体上是比较稳定的，但局部失稳的问题仍

比较突出,特别是易引发行为不稳的问题不可低估,这主要是"五个不可低估":

一是困难企业和亏损企业的不稳定因素不可低估。由于建筑市场"僧多粥少"的局面长期存在,竞争日趋激烈,加上历史遗留问题、企业改革滞后和内部管理不善等原因,2001年度,纳入中建总公司决算范围的国内二级企业共44家,其中亏损17家,亏损面38.6%,亏损额达1.38亿元人民币。256家国内三级企业中,亏损企业达95家,亏损面积为37.1%,亏损额为2.42亿元人民币。总公司所属企业拖欠职工工资、医药费、养老基金及及集资款累计超过10亿元人民币,这些问题大多发生在这些困难企业。

二是下岗和待岗职工中的不稳定因素不可低估。据中建总公司所属八个工程局统计,截止到2002年4月底,在岗职工93736人;下岗职工共9712人,为在岗职工的10.3%,其中党员为1238人。总公司所属企业还有相当数量的职工处于结构性待岗,这些职工人数较多,处理不好就会引发众多不稳定因素。由于目前国家对于下岗职工基本生活保障及解决中心问题的政策还没有出台,很多困难难以解决。滞留中心下岗职工的基本生活保障问题已成为当前"两个确保"工作的突出矛盾。

三是离退休职工中的不稳定因素不可低估。总公司系统现有离退休职工49442人,这些离退休职工普遍对退休后的收入和待遇倍加关心,加之部分所属企业拖欠离退休职工养老金和医药费等,极易引发集体上访等问题。据不完全统计,全系统拖欠离退休干部养老金3306万元人民币,医药费5650万元人民币。当前,尤其是勘察设计单位1800多名离退休职工要求提高退休待遇的问题比较突出。

四是处理总、分包关系和劳务经济关系中的不稳定因素不可低估。拖欠工程款是国内建筑业的共性问题。目前总公司系统拖欠工程款居高不下,已超过200亿元人民币。由于企业"三角

第五要义：领导文明善在化解突出矛盾

债"现象严重，作为总承包商的中建总公司所属企业，因拖欠材料商、分包商的问题引发民工上访闹事的问题也会时有发生。

五是社会上各种不稳定因素的影响不可低估。 由于各种原因，社会不稳定因素将长期存在。而社会上确有一种"不闹不解决、小闹小解决、大闹大解决"的错误倾向，这给中建总公司的稳定工作增加了难度。这段时间，有些企业的退休职工和家属就提出了与国家政策不一致的要求，甚至聚众上访等等。

保持企业稳定，解决行为稳定是紧迫的，但解决思想稳定更为重要。确保企业稳定是一项系统工程，涉及方方面面。引发不稳定因素和事件的导火索也是五花八门，不稳定的表现形式也会有多种多样。上述五个"不可低估"，既是行为不稳的潜在问题，也是思想失稳的表现。我们知道，思想是支配行为的，各级党组织都要把保持稳定的重点放在解决思想稳定问题上，主要是要把大家的思想引导到中央精神上来，用"三个代表"的重要思想总揽全局，有针对性的加强思想政治工作，发挥好各级工会、共青团组织的作用，发挥好中建总公司党建和思想政治工作研究会的作用。目前，各级党组织正在按照中建总公司党组的布置，在基层开展"创优"活动。十六大之后，中建总公司将召开会议表彰先进党组织、优秀共产党员和优秀党务工作者。各单位都要善于在创优活动中解决一些思想稳定和行为稳定的问题。

选读文章之四：

如何判断职工对改革的承受程度

对于领导决策者来说，如何正确把握改革发展稳定三者关系，关键和核心的问题就在于对职工承受程度的正确判断。如何正确判断职工群众及社会对于改革的承受程度,是对领导班子和领导干部思想政治素质、领导水平和工作能力的考验。从很多国有企业的改革和中建的实际情况看,对改革承受程度的判断,既不能超前,又不能落后。国务院国有资产管理委员会吴晓华副主任曾对中建总公司的改革指出:"不要急,不停步",就是要求我们要认真把握好"度",否则就会出现事与愿违的事情。如果超前了,把明天的事情急着放到今天去做,在现实工作中就往往容易出现动机虽好,但效果不理想的情况。反之,如果领导的思想落后于群众认识和觉悟,不想迈步,不敢迈步,企业改革就会滞后,发展就会受到影响。正反两方面的经验教训都提醒我们,把握承受程度是至关重要的。

如何提高判断能力,正确判断职工群众及社会对改革承受程度并不是一件容易的事情。我感到要把握好五个方面的问题:

一是要以"三个代表"重要思想为指引,运用辩证唯物主义的立场、观点和方法来正确判断。"三个代表"重要思想的价值取向就是实现好、维护好和发展好最广大人民的根本利益。一切从人民根本利益出发,就是我们共产党人所应坚持的基本观点。我们搞国有企业改革,就是为了解放生产力,发展生产力,为人民的实惠,从而体现、维护和保证国有企业和广大职工群众的共同利益。企业改革的指导方针和各项具体措施,要接受广大员工的检验,都必须得到广大职工群众的理解和支持。这是我们唯物主义者认识问题、判断问题所必须坚持的马克思主义的基本原理、观点和方法。

二是要深入到基层,真心实意了解和掌握员工的真实思想动向和真实情绪,一切从实际出发,唯实求是,靠真情来正确判断。一句话讲了四个"真"字,反映出这一点是十分重要的。有权力判断的领导同志只有深入到基层,深入实际,才能真正听到实话,看到实情,了解实事。了解情况要选择有一定代表面的对象,不能以点代面,不能以偏概全,更要反对官僚主义、主观主义,切忌按自己的主观臆断去索取假情况。再急的事情也不要情况不明决心大,更不要情绪化地判断事物,这个时候的判断往往会脱离实际。

三是要把思想观念问题和实际问题结合起来正确判断。在国有企业深化改革的进程中,员工既有思想观念需要转变,又有实际问题需要解决。这两方面的问题互相交织,增加了推进改革的工作难度。因此,在制定和实施改革时,既要解决实际问题,又要解决思想观念问题,必须把两者统一起来。在企业改组改制中,涉及外资企业、民营企业的,就有一个员工的思想观念问题突现出来,对这类企业心里不托底,总感到"靠不住"。因此仅仅从实际问题上判断就往往把握不准,必须把思想观念的认同程度与解决实际问题结合起来进行判断,才能抓住主流。

四是要把企业内部情况与外部环境结合起来正确判断。国有企业的外部环境从总体上讲,是置身于社会主义初级阶段的中国国情之中,是置身于社会主义市场经济的建立健全的过程之中。应当说,这些年来国有企业深化改革的外部环境是在逐步改善,但是传统国有企业遗留的历史问题的解决,需要有一个解决问题的时间和过程。在这个过程当中,要把国家有关政策作为企业利用外部环境推进改革的结合点,寻求政策的可能性,找到企业的操作点,就会把握判断的正确性。

五是要注意从积极方面和先进因素来正确判断。由于企业领导和员工的角度不同,考虑问题的出发点和落脚点会在根本利益一致的前提下有所不同,也必然会对企业改革的思路和举措产生不尽相同的理解。因此,在一个群体中必然就会对客观的事物存在认识上的差别,对改革特别是攻坚时期的深层次改革,一定会有的支持,有的不大支持,有的甚至反对。因此,在一个企业中对待改革就会是积极方面与消极方面共存,先进因素与落后因素同在。这里的关键是从积极方面出发,还是从消极方面出发;是发扬先进因素,还是墨守落后因素。在比较有利条件与不利条件的过程中,我们必须进行积极的判断,只有集中积极的,反对消极的;鼓励先进的,反对落后的,才能抑制不思进取的消极畏难情绪,也才能把消极力量转变为积极力量,才能争取职工群众对改革的理解、支持和参与。

需要强调的是,我们要求正确把握和处理改革、发展与稳定的关系,目的就是要保证和促进改革的顺利进行。国有企业必须坚持推进改革,加快建立现代企业制度的步伐,这是毫无疑义的。

第六要义：领导文明艺在领导方法创新

领导方法在当今时代更为重要，有很多实例很发人深思，同样的事情，同样的条件，同样的时间，而不同的领导者运用不同的方法，便有了截然不同的结果，有的成功了，有的未进取，有的失败了。这里就有一个领导方法问题，我之所以认为在当今时代领导方法更为重要，是因为当今时代是"以人为本"的时代，尊重人、信任人已是人与人之间关系的文化要求，道德要求，对领导者与被领导者之间同样是这种要求。因此任何领导方法都不可能背离这个原则要求，我之所以强调领导方法应上升为领导艺术就在于此。关于领导方法创新问题，除了坚持动机与政策统一的观点和从群众中来到群众中去的观点以及坚持唯物论辩证法的观点外，我对这个问题的体会更为深刻的还有这样几点：

首先是调查研究要深入。一是要写出很有见解的调查报告。调研是深入还是肤浅，区别很大，走马观花、蜻蜓点水，听一听看一看是调研，深入基层深入实际掌握第一手材料，进行去糟取精的精心加工也是调研，后者当然会写出很有份量有价值的调研报告。我在20世纪80年代中期为了回答中国建筑施工企业的改革问题，我到日本对其建设企业进行了专题考察研究，写出了一份调研报告，现在看一看这份报告的内容和建议已有很多为我采用了。

领导文明与建筑业

20世纪90年代中期我国建筑市场比较乱,为了加强对建筑市场的整顿,我进行了深入的市场调查研究,写出了"四把刀、十八怪,建筑市场两大害"(本篇文章已被收录在《经营管理与建筑业》一书当中,著者注)的调研材料,当年人民日报以整版发表。

其次是要有预见性的抓先进典型。一定要支持那些敢露头角的先进事物。反映时代精神的先进事物,在它们刚刚出土还十分脆弱的时候,往往受到了不理解的慢待,使新生事物的成长受挫,甚至终止在萌芽之中。在企业改革的过程中,中建总公司一位多年的全国劳模带头成立了股份制的劳动公司,他本人由劳模变成了"老板"。这件事引起了争论,当时我就在中建总公司党组书记的领导岗位上,如何看待这件事,怎样运用这件事推动当时的劳动队伍管理体制的改革进程?我历史地、现实地进行了深入分析,并以"三个代表重要思想在基层"为题,提示了这一现象的本质,给予了充分的肯定,当时人民日报政治部对我采访时,我充满信心地阐明了我的认识,由此人民日报发表了对这件事的采访文章(文章详见本书附录第三篇文章,著者注)。

第三是要在用人上讲艺术。这是领导方法创新的重中之重。"出主意、用干部"这是毛主席告诉我们每一位领导者的两件大事。出主意是政策能力的问题,用干部是领导推进的问题。这里着重讲"用人艺术"和"沟通艺术",这是在用人上讲艺术的两大主题。

1999年我作为中央国有重要骨干企业的领导参加了第一批赴美国通用电气公司(以下简称GE公司)的高级研讨班。对GE公司的经验很受启发。其中"高超的用人艺术"就很有启发性。许多企业领导者有自己的用人原则,我认为GE公司的四条用人原则应该借鉴:

原则之一是是否有活力。关键看一个人是不是充满活力,乐观向上,浑身是劲。这种活力不是感情容易冲动的外在表现,有的人非常容易被点火,一点火就火冒三丈,这是不成熟,也不是活力。

原则之二是激活他人。激活他人就是带动他人。GE 公司的总裁 CEO 韦尔奇（JACK WELCH）是世界顶级经理人物，在 GE 公司坐了 20 年交椅，他作为领导者别人信服他，后面有跟随者，这就叫激活他人。

原则之三是敢露锋芒。这就是在困难的时候敢于挺身而出，敢露锋芒，不怕闲言碎语。不像一些干部，一说这个事情得到领导肯定，就抓住机会拐弯抹角地说自己有份；一旦事情出了问题，就离得远远的，说原本我就不同意那样干。韦尔奇说这样的干部不能用，太精辟了。

原则之四是实践能力。这就是要能实践，有扎实的推进力，不是那种光说不练的。共产主义的蓝图说了多少年了，但怎么实践，小平同志说清楚了。所以讲怎么做是最为关键的。

十六大作出了人才资源是第一资源的科学判断，在坚持党管干部原则的基础上，进一步提出党管人才原则和人才强国战略，党管人才的核心在于把人作为资源来管理。在国有企业由计划经济体制向市场经济体制转变过程中，要创造性地改变过去的人才管理方式，由人事制度的管理转变为人力资源的开发式管理。过去的人事管理制度比较传统，突出等级关系，"官本位"思想严重，行政有级别，能高不能低、能进不能出，而且待遇随着级别走。现在转变为人力资源管理，就是把人做为一种资源。人是有价值的，领者的任务是能够把人才开发出来，实现人才价值的最大化。这里讲这样几个观点：

人才与舞台。人才只有依靠舞台这个载体才能成为人才，否则他就是自然人；人才如果离开企业这个舞台，就发挥不出人才应有的作用，所以应该认识到人才的成长与发挥作用是离不开舞台、离不开载体的，如果你把自己看得太高了，认为单凭你自己就行，离开舞台你试试看？所以人才要爱舞台、爱载体、爱企业，离开这个舞台你就不行。中建总公司在这方面的例子很多，很多例子都说明,人才离开舞台就是自然人,人才必须和舞台紧紧地绑在一起,你才能发挥作用,实现自我价值。

品牌与人才。所谓品牌,就是人才依靠的载体品位,企业一定要搞成一个品牌很响、很有作为的载体。因为我们是竞争型企业,不是资源垄断企业。资源垄断型企业,你是学石油的,你就必须到石油企业去干,没有别的地方可去,咱们学建筑、学给排水的,这个行业的人很多,各种企业、事业单位也很多。如果你有一定的社会影响、有品牌、有院士、有大师、有社会知名度、有份额、有前景、有事业,这样人才就来了。中建总公司这几年品牌的提升是非常成功的。现在中建总公司内部人才流动频繁,人才在局与局之间相互流动,但离开中建总公司的品牌就是不行,揽任务还得举中建总公司这个牌子,品牌与人才这就给我们企业领导一个任务、给企业员工一个任务,就是大力营造一个很好的品牌,依靠品牌凝聚人才求得发展。

凝聚与激励。凝聚不用多讲,我们创造和谐的气氛,"事业留人、感情留人、适当的待遇留人",这是我们总结的三句话,一个集体没有这样的氛围是不行的。激励,关键是创造激活的激励机制,把人激活是我们人力资源开发管理的核心,怎样激活需要探讨,人是一种资源都有内在的活力,关键怎么把活力释放出来,激活的关键是动力机制,以什么为动力?我这么干会怎样?我为什么会这么干?这与一个人的世界观、人生观和价值观有关。江泽民曾经问过韦尔奇,你为什么起早贪黑地拼命干,你的动力是什么?韦尔奇说:是社会价值。在美国,克林顿一年20万美元,韦尔奇一年9500万美元,社会价值不比美国总统低。他说,他不愿意在自我价值上掉下来,这是他的动力机制。

卓越的沟通艺术。领导者与被领导者之间的有效沟通,是管理艺术的精髓。比较完美的企业领导者习惯用约70%的时间与他人沟通,剩下30%左右的时间用于分析问题和处理相关事务,他

第六要义：领导文明艺在领导方法创新

们通过广泛的沟通使员工成为公司事务的全面参与者。我在 GE 公司学习回来写的学习体会中，对韦尔奇的领导艺术进行了概括和描述。这种领导艺术的中心内容就是"以人为本"。真诚的以员工为本就会有更多的领导方式方法，引领大家向一个方向前进，要明白员工在你心中有多重，你在员工心中就有多重，你在员工心中有多重，你的领导力就有多强，而那样"不怕群众不满意、只怕领导没注意"的领导是难以在员工中产生人格领导力和影响力的。人际沟通还要讲究方式方法，有些同志不太注意这个问题，总说我的心是好的，出发点是好的，但他说出来的话难听、容易伤人，达不到希望的沟通效果。韦尔奇的"便条式"管理为我们这些当领导的树立了一个动机与效果相统一的沟通典范。有一次韦尔奇约一位主管经理谈话，这位经理十分紧张，在他走出家门时，他的太太说，今天的韦尔奇面谈很重要，假若不成功你就不要回家门了，这位经理带着压力，在见到韦尔奇时发抖讲不出话来，他只好说"我很紧张，今天谈不好，我太太就不让我回家门了"。韦尔奇这位奇者，便主动结束了这次谈话，但韦尔奇的"便条"出现在了他的太太面前，上面写道："你先生今天表现得十分优秀，非常歉意几周来给你和你的先生带来的苦苦煎熬。"

这张便条的沟通，对那位经理来讲不知会产生多大的推动作用。

选读文章之一：

对日本建设业龙头企业的考察

应日本建设业海外协会的邀请，中国施工企业管理协会第四次经理考察团，于 1987 年 9 月 1 日到 15 日在东京和大阪两地分别考察了日本海外协会的清水、大阪、鹿岛、前田、西松建设和竹中工务店、大林组、熊谷组、鸿池组及松村组等10个成员企业。

这次考察活动是在全国施工工作会议之后进行的。按着施工会议关于推广鲁布革工程管理经验，调整我国国营施工企业组织结构的要求，明确了这次访日的考察重点：即日本建设企业的组织结构状况；实行科研、设计、采购和施工一体化的龙头企业形成过程；具有总承包能力的智力密集型企业的运转情况。现将考察情况报告如下。

一、日本建设业企业已经形成了一个以具有总承包能力的智力型综合建设公司（简称龙头企业）为龙头，以劳务型专业公司（简称协力单位）为依托，各自独立、相互依存的多层次企业群体。

目前，日本建设业共有企业（不含独立的设计所）52万个，职工530万人。从企业的资本情况看，52万个企业具有鲜明的多层次性。从企业的资本情况看，500万日元以下的共有37.64万个，占72.3%；500万日元到1亿日元的共有14万个，占27%；1亿日元以上的只有3600个，仅占0.7%。从完成的投资情况看，日本全年完成建设投资50兆日元。43家大型建设公司年完成额达10兆日元，占20%；资本金额在300亿日元左右的清水建设、鹿岛建设、竹中工务店、大成建设、大林组和熊谷组6大家年完成投资高达5兆日元，占50%。从企业的类别看，综合性建设公司28万个，占35%，劳务性专业企业34万个，占65%。一个智力型综合建设公司能辐射带动几十个乃至上百家的协力单位。大成公司共有这类协力企业950家。可见，日本建设业企业确实形成了一批主导能力较强的龙头企业，在这些龙头企业周围也形成了一批规模适度、灵活机动、专业单一、操作技能较高的不同层次的中小型企业群。

在上述企业群体中，无论是资本多么雄厚的龙头企业，还是小到几个人的协力单位，他们都是经注册确认的经济实体，都是自负盈亏、自我积累、自创信誉、自谋生存和发展的独立性企业。但在龙头企业和协力单位之间却存在着相互依存的关系。协力单位虽都有一定数量的资本金和中小型施工机具及专用设备，但并不具备独立承包工程的能力，只有从总承包公司手中才能取得施工任务，只有完成合同规定的工程形象部位才能向总承包公司收回工程款。这就使得它们必然按着社会化大生产的要求紧紧地依存于龙头企业；必然按着竞争的原则千方百计地以高素质的专业操作技能、优良的工程质量、信守合同的经营作风取信于龙头企业。而龙头企业也感到，只有依靠一批素质比较好的协力单位，才能使高水平的工程设计施工方案得以实施。因而龙头企业非常重视协力单位，都采取了扶持、培养、提高的政策，通过"仓友会"、"竹合会"等形式来建立相对稳定的协同关系。例如竹中工务店他们共有协力关系的单位达8000家之多，但注册参加了"竹合会"的只有277家。他们对这些单位进行培训，建立技术档案，定期进行考核，颁发"竹中"奖。选择二包单位时优先从"竹合会"成员中挑选。协力单位既可以参加竹中工务店也可以参加其他公司的组织。无论什么形式的组织，在实际运行中都完全是经济合同关系，使多层次的企业群形成了以合同为纽带的群体。

二、日本建设业龙头企业的形成，是以日本全社会商品经济的发展为背景，以竞争机制为手段，经历了20多年的发育过程——这个过程既包含科研、设计、采购和施工一体化的合成过程，又包含一般劳务队伍的分离过程，分离后的劳务层形成了企业化劳动力市场。

大成公司是"合成兵种"的龙头企业，这种"合成兵种"的龙头企业具有鲜明的四个特点。

一是实行了勘察设计、物资采购和施工乃至建成后维护管理的一体化，具有承担工程项目从头到尾的全过程承包和"一条龙"服务的能力。

二是实行了建筑工程（住宅和公共建设）和土木工程（道路、桥梁、涵洞等构筑物）一体承包。在所有龙头企业的职能机构中都按建筑工程和土木工程两个系统设置了经营管理部和设计等部；年承包额中属建筑工程的一般占60%～70%，属土木工程的一般占30%～40%。

三是实行了国内工程和海外承包工程一体承包。这些龙头企业都具有在海外承包工程的独立经营权力，鹿岛建设已在19个国家建立了45个海外办事处，跃居日本第六位的熊谷组在海外所获得的承包额已占全部承包额的42.7%。

四是实行了多种产业一体经营。不少龙头企业经营了机械设备和建筑配件加工、交通运输、旅游和服务业。大成公司除拥有1.3万人从事建设业外，还有9个附属公司，共2.4万人，包括预制构件公司、运输公司、设备公司、旅行公司、服务公司等，增强了企业经济实力。

日本龙头企业的上述特点是它们能够充分发挥主导作用的根本原因。但是这批龙头企业的形成并不是一步就位的，基本上是在或以建筑工程为主或以土木工程为主的一般建筑施工企业（类同于我国目前的国营施工企业）的基础上逐步发展起来的。以大成公司发展过程中的时间表为例：

——1873年，大成公司作为一般的建筑施工企业，以承包日本第一座铁路新桥车站而问世；

——1946年，经过73年大成公司才更名为"大成建设株式会社"，经济实力和总承包能力上了一个新台阶；

——1958年，经过85年大成建设才正式成立"大成技术研究所"，经济实力和总承包能力上了一个新台阶；

第六要义：领导文明艺在领导方法创新

——1959 年，经过 86 年大成建设以承包"印度尼西亚大饭店工程"为起点，开始了海外建设事业；

——1969 年，经过 96 年大成建设正式成立"住宅事业部"，标志着大成建设在住宅建设方面走向了全套服务化阶段；

——1971 年，经过 98 年大成建设又增设了"城市开发部"，把经营范围进一步拓宽到从城市规划开始的全部领域。

这张时间表，一是说明日本综合建设企业的形成和总承包能力的提高是经过几十年的发育过程的；二是说明它们"合成"步伐的加快是在 20 世纪 50 年代末开始到 60 年代和 70 年代。这个时间正是日本从战后的恢复阶段转入经济高涨阶段的历史时期。由于这个时期日本商品经济迅速发展，竞争机制全面运转，形成了各类企业都要在市场中求生存求发展的社会环境，因而刺激建设企业不得不为自身的生存而确立自己的经营宗旨。这个宗旨用日方的话说，就是"彻底地置身于建设市场中为客户着想"，"只有更省、更快、更好地提供建筑产品才能取信于客户"。这个宗旨如何落实到工程建设过程中？竹中工务店远藤常务说，不把先进的技术运用到设计、施工全过程中是难以实现的，这正是我们创建科研、设计、施工一体化企业的基本道理。因此，日本建设业中的一些老牌企业都先后经历了"兵种合成"的发展过程，演变成了当今的龙头企业。

在龙头企业的合成过程中，同时展开了一般劳务队伍的分离过程。日本当今的龙头企业，在近 30 年前也是类同于我国国营施工企业的现有模式的，即直接管理劳务工人。改革这种管理方式，如何把劳务层分离出去，成为当时各建设公司向智力密集型企业转变的重要内容。简单说来，他们都是在劳务素质不断提高的情况下，通过建立具有法人地位的劳务型企业的形式而实现分离的。分离后的这些企业实际上是进入了劳动力市场的管理范畴，只不过是集体化了、企业化了的劳动力市场。因为它们不能直接被业主挑选，而只能被承担工程总承包的龙头企业挑选。国家不但对这类实行了资格审批制度，而且对其雇员主要是工人实行了操作技术等级认证制度，使劳动者的操作技能不断提高。这样形成了职工人数为龙头企业职工人数三倍的集体化了的劳动力市场。成为各龙头企业的须臾不可离开的依托力量。

三、日本建设业龙头企业所实行的设计施工一体化。重点体现在"优化实施方案和强化执行能力"这一环节上，即优化施工图设计与施工组织设计紧密结合的实施方案和强化管理层与作业层紧密结合的执政能力，组织精干的管理班子，优选二包作业队伍（协力单位），使施工生产要素得到合理配置，以确保优化方案的实施，取得质量、工期、造价的最佳综合效益。

我们从工程项目的实施过程分析，日本建设业龙头企业所实行的设计施工一体化，主要有两大特点。

第一，从土木工程项目和建筑工程项目的全过程看，多在楼、堂、馆、所和住宅等房屋建筑工程项目上实行了设计施工一体化。目前日本拥有 70 万人的工程设计人员，其中约有 50 万人分属在各建设公司，约 20 万人分属在独立的设计事务所。这个分布结构必然使建设公司所承包的工程既有对业主进行设计施工全部承包的，也有只承包业主从设计单位转来的，还有各建设公司之间相互交叉承担设计和施工任务以企业共同体的形式对业主承包的。在一般情况下，政府投资的大型土木工程多由独立的设计所来承担设计；民间投资的建筑工程多有建设公司实行一体承包。这是因为政府投资的大型土木工程专业性较强、涉及面较广、包括可行性研究的设计周期较长，而建筑工程只要业主投资即可由建设公司按投资规模建造出来。

第二，从建设项目的施工图设计阶段看，无论是政府投资的土木工程，还是民间投资的建筑工程，都完全实行了设计施工一体化。这种一体化是他们把工程建设程序中的施工图设计和施工作为一个阶段（我国是划分在设计和施工两个阶段）的必然结果，这样，龙头企业就可以从施工图设计开始实行总承包、"交钥匙"。这种体制的优越性。用他们的话说，就是既可找到对工程全面负责的承担者，又可充分发挥先进技术在设计施工中的作用。日本竹中工务店的经营者认为，设计施工一贯制才能使承包者全面负起建设责任，不致于在用户不满意时发生相互推诿的现象；这种体制可使设计和施工经常地相互作用，以便积累起新的方法。日本熊谷组在中国事务所任所长的郑雄光先生说，在中国承包工程最不能使人理解的是把施工图设计拿到设计单位去作，这很不利于发挥先进管理和施工技术的作用，影响建设效益的提高。

在上述两大特点中，日本对建设业的国家管理和龙头企业的自身管理都重点放在了"优化施工方案和强化执行能力"这个环节上。他们把施工图设计和施工组织设计紧密结合起来，注意运用先进施工技术和管理手段，以充分把龙头企业的智力水平表现在施工方案上。与此同时他们又重点强化了这个方案的执行能力。因为再优化的方案没有强有力的措施是难以实现的。他们强化这种执行能力的手段是多方面的，我们感到突出有三点。

一是国家不但实行了对建设企业的资格等级审批制度，而且还实行了对从事设计和施工管理人员的资格认证制度。目前经日本建设大臣批准的能承担较复杂的工程设计和施工管理的一级建筑士共190091人；经都、道、府、县各级知事批准的能承担一般工程设计和施工管理的二级建筑士共458951人；一级土木工程施工管理技士168209人；二级土木工程施工管理技士547363人。他们规定只有具备一定的学历和时间年限的人才能申请报考认证；只有取得二级技士之后才能经考试升入一级技士；一个人既可取得设计或施工单方面资格，也可同时取得设计和施工双方面资格。例如清水建设公司，经建设大臣批准的一级建筑士就有2320人，一级土木施工管理技士1297人，共占全公司14059人的

26%。这种制度从人才的智力水平上保证了这些龙头企业的应有素质和设计施工一体化的能力。

　　二是各建设公司在注重强化技术开发和设计力量的同时，更加注重工程现场管理力量的增强。我们从五大公司的人员比重情况看，一般都有一半的人员是工作在工程作业所的，大约是技术开发人员的 10~12 倍，是设计人员和施工管理内业人员的 4~6 倍，把力量重点布局在"前线"。而且作业所长一般都是参加了施工图设计和施工组织设计全过程的较有经验的技士，其他人员在所长提名后经过公司人事部门审查批准组成。只有这样，才能形成一个精干配套的现场管理层，也才能通过现场管理层的执行能力保证施工方案的实施。

　　五大建设公司的人员构成情况见下表三：

日本五大建设公司人员构成情况表　　　表三

企业名称		竹中工务店	大林组	清水建设	大成建设	鹿岛建设
人员合计		9804	10840	14004	13549	15375
技术开发研究人员	人员	411	368	882	588	588
	比例	4.2%	3.4%	6.3%	4.1%	3.8%
行政管理人员	人员	1765	1250	1909	2478	2485
	比例	18%	11.5%	13.6%	18.3%	16.2%
经营管理人员	人员	588	1177	1103	1765	882
	比例	6%	10.4%	7.9%	13.0%	5.7%
土木、建筑工程设计人员	人员	1177	882	1429	1089	1220
	比例	12%	8.1%	10.2%	8.0%	7.9%
本、支点施工管理内业人员	人员	956	1912	2824	1544	2368
	比例	9.8%	17.6%	20.2%	11.4%	15.4%
作业所管理人员	人员	4907	5251	6037	6085	7832
	比例	50%	48.4%	43.1%	44.9%	50.9%

三是他们注重选配工程现场的管理班子，同时也注重优选劳务作业队伍，从管理层和作业层的紧密结合上强化执行能力。每个工程项目的管理班子是从智力密集型的龙头企业选配来的。这个"班子"通过对社会上主要是对建立了协作关系的劳务队伍进行优选，来确定各专业工种的担当单位。优选时，他们把是否能按着已优化了的施工组织设计所确定的一些施工方法（施工新技术、施工机具等）来作业，作为入选的主要条件，而不是只看质量、工期造价上的抽象保证，这样就从施工生产要素的合理配置上确保了优化方案的执行。

综上几个方面的考察，使我们感到确实有许多值得借鉴的地方，主要是：

第一，加快国营大型施工企业的调整改组步伐，创造一批科研、设计和施工一体化的龙头企业。

长期以来，我国从事基本建设的科研、设计和施工单位，是采用行政化的管理方法的，一方面按事业和企业的不同性质规定了科研和设计为事业单位，施工为企业单位；一方面又按设计、施工阶段的首尾衔接方式，绝对化的分割了设计和施工单位的经营承包范围。现在看来这种体制既不利于按着施工生产力要素合理配置的要求从整体上来提高工程项目的建设效益，又不利于这些单位按着自负盈亏、自我积累、自创信誉和自我发展的要求来全面提高建设能力。因此，必须有计划、有步骤、有重点地推进科研、设计和施工一体化的新体制。

从前面讲到的日本情况看，一些一般性的建筑施工企业发展成为科研、设计和施工一体化的龙头企业，主要是在日本经济从战后恢复时期转入商品经济高度发展的时期，通过优胜劣汰的竞争机制而自发形成的。从我国的国情看，在社会主义初级阶段必须进一步发展有计划的商品经济，必须进一步发挥竞争机制的积极作用，这就形成了我国国营施工企业向科研、设计、施工一体化迈进的大环境、大气候。因此，必须打开目前科研、设计、施工单位之间的"隔墙"，应该支持他们之间交叉发展，按着竞争的原则，造就出一批新型的建设企业，从根本上改变我国目前617万人口的国营施工队伍全部为劳务型企业的、结构不合理的旧貌。

第二，根据不同工程项目的不同特点，建立有利于推进设计、施工一体化的项目管理制度。

工程项目管理有自身的特点，必须掌握这个特点来建立与之相适应的管理办法。日本对一般建筑工程多采用全过程的设计施工一体化的"交钥匙"承建方式，而对政府投资的大中型土木工程一般由单独的设计所来承担施工图以前的设计任务，由建设公司承担包括施工图设计的全部建设任务。这是符合一般建筑工程和土木工程的不同特点的。前苏联1986年新经济体制改革决定中规定，从1987年开始在住宅和公共建筑工程上实行工程设计施工一体化的交钥匙承包方式。然后再逐步向工交项目上展开，这也是从建筑工程和工业交通建设项目的不同特点出发作出的改革部署。我们应当从中吸取有益的经验，可先在一般建筑工程上面推进设计施工一体化的新体制，允许设计和施工阶段的合理交叉，以增进工程建设在质量、效益、造价上的综合。

应强调的是，无论哪一类工程项目，特别是土木工程项目，都应当把施工图设计和施工组织设计结为一体，作为基本建设程序中的一个阶段两步工作，并相应把这一阶段的任务交由调整改组后的建设公司承担。这样可改变目前设计单位花比较大的力量搞低层次设计的状况，以便开发新技术向高层次设计（可行性、扩大初步设计）发展。

第三，发展劳务市场，建立国家管理体系。

我们应当有计划地把建筑劳务市场建立起来，以便各建设公司就工程所在地选用作业队伍。从企业方面考虑，可按两大类企业分别建立管理制度：一类是对投资主体全面负责的具有工程总承包能力的龙头企业，可按甲、乙、丙三个等级实行国家认证制度；另一类是作为龙头企业依托力量的劳务型企业，可按劳务市场的管理办法，国家不认证其企业的资格，只认证其所有工人的操作技能。

从职工人员方面考虑，也可按两大类分别实行国家认证制度：一类是从事工程技术包括科研、设计和施工管理的智力人员，可按一级和二级两个等级，分别实行国家和省、区、直辖市两级的认证制度，以便各建设公司聘用；另一类是作业工人，可分别按各工种及工序进行社会考试发证，由国家委托的民间组织进行培训、考试、认证。以便为各类劳务公司录用。这样考虑可把劳务市场发展起来，这是有利于提高人员素质和建设能力的。

附件：

中国施工企业管理协会经理访日考察团名单

团　长：
　　张青林　　国家计划委员会施工管理局局长
副团长：
　　游与继　　山东省城乡建设委员会副主任
团　员：
　　陈家涛　　铁道部第十二工程局副局长
　　毕澄江　　煤炭部建筑安装工程公司副经理
　　赵恩泰　　华兴建设工程公司总工程师
　　张汤全　　北京市房屋修缮第一工程公司经理
　　张万昌　　胜利油田建设第一指挥部经理

领导文明与建筑业

丁国琦	浙江省第一建筑工程公司经理
陈公威	福建省第六建筑工程公司经理
朱家琥	兰州化学工业公司化工建设公司副经理
廖德辉	云南省第二建筑工程公司经理
高新华	国家计划委员会干部

选读文章之二：

关于同人民日报记者的谈话

(2002年6月4日)

中建一局余孝德是全国劳动模范。在改革中他带头创办了股份制的劳务公司，当上了小老板。为此人民日报政治部记者来采访我，让我这位党组书记谈谈看法。我就此对采访记者谈到，凡是都要追求个明白，我谈了个"三一三"观点。（即是指三个现象、一个本质、三个问题，文章后面会作具体阐述，著者注）谁来看余孝德现象？员工、企业、中建总公司、国家有关部门都来看余孝德现象，但不同的视角会有不同的理解和认识。余孝德现象产生的历史原因是什么？我先后在国家计委和建设部任施工管理司司长共10年，从1984年就开始思考行业的改革，特别是国有建筑企业的改革问题。我到中建总公司做党组书记又有9年了，同样仍在国企改革中进行尝试，如果把这两段加起来，用我19年的经历来看余孝德现象，恐怕就更为深刻和宽泛。我并不想把他看大了，但从现实意义上讲，也很有必要点上开花，想把余孝德现象放大。那么余孝德现象究竟是什么，有说劳模现象，有说经济现象。我说余孝德现象是三个现象：

一是创新现象。为什么？国有企业的改革，尤其是国有建筑

第六要义：领导文明艺在领导方法创新

企业的改革，源于1984年。当时，发生在工程建设领域很大的一件事情，就是鲁布革工程的冲击，震撼了建筑业。鲁布革工程是第一次采用国际公开招标的世行贷款项目，日本大成公司中标，以质量优、工期短和造价低而赢得了从上到下的高度重视和深深的思考。当时中央要求，总结这个经验，积极进行行业改革，特别是国有建筑施工企业改革。我因工作岗位的原因承担了这个任务，为了总结好这个经验，我到日本大成公司进行了调研，发现了很大的一个问题，就是建筑业是个劳动密集型的产业，以产业工人为主体，但是不是等于所有国有建筑企业都是劳动密集型的企业。这个问题在行业部门没有引起重视。过去认为建筑行业是劳动密集型，所以得出结论，每个建筑企业都应是劳动密集型企业，现在看来这是个错误。当时象中建一局这些大企业，都是2~3万人，但70%都是工人；但日本大成公司1万多人，90%都是工程技术人员。他中标鲁布革工程只来了33个人，在中国则使用水电十四局的作业人员，这个现象给我们很大的启发。当时我就提出，中国国有施工企业的一部分骨干也应转型，主要是劳务人员如何转出去，使建筑企业也成为以管理、技术密集为特征的企业。那么，现存的劳务工人怎么办？这是个很大的问题，国有企业改革最难的是人的问题。当时，我们从不讲下岗什么的，提出解决问题的三步曲：

第一步，改变生产方式。从生产方式变革出发，以解放生产力、发展生产力来改变生产方式。主要内容是以项目为载体，生产要素由项目上去配置。过去我们的企业是准军事化行为，劳务工人都编成班、排、连、营，几十年都是这么干的。是大兵团作战，搞人海战术，活多的时候还可以，没活的时候就没有办法了，只好就地卧倒，吃窝工费。现在如果还这么干，能有竞争吗？项目能有效益吗？所以必须变革生产方式，需要多少人就用多少人，以项目为载体，按市场要求配置生产要素，这个变化称为"项目法施工"。这是第一步抓了生产方式的变革。

第二步，就是针对固化的劳务作业队伍问题，在企业内部进行组织结构调整。当时叫两层分离，即经营管理层与劳务作业层分离，这是一句非常有代表性的话。国有企业内部实行两层分离，把劳务层分离开来，把原施工企业的行政建制打破了，行政职能管理队伍的工程处都取消了。像余孝德所在的三公司，就在施工企业内部组织劳务公司，因为社会上没有劳动力市场，怎么办呢？所以只能称内部劳务市场。由于把所有的施工队都撤消了，作业员工就必须进入企业内部的劳务市场，然后按项目需要提供劳务，计价算账，实行企业内部劳动力市场化。

当时讲的第三步就是在时机成熟的时候，劳务市场由内部转向社会，劳务人员可以组成劳务公司，成为独立的法人实体。可见没有当初的第一步和第二步，就不会有今天的余孝德公司。企业内部的生产方式变革，把作业层分开，敢于两层分离，那时没有几个企业敢于这么做，当时就两层分离这条很多人就提出不同的看法，是有争议的。我当时是计委施工局的局长，位子不低了，有人说这样搞工人主人翁的地位哪去了？我说这个问题我给你解释，当主人要当出效率来，这才叫主人，原来的劳务工人干多少活不知道挣多少钱，那主人是怎么当的？过去一天干8个小时，但他该挣多少钱，工人自己不知道。现在好了，一天干下来，能知道自己挣多少钱，自己清楚呀，真正当主人了，这都是当时争论时讲的观点。

从1987年正式提出上述三个步骤发展到今天，余孝德现象只是个结果。国有企业劳务层分开，然后搞劳务市场，再往前发展一步，成为独立的法人实体，成为劳务公司，这个结果本身就是创新的产物。什么叫创新？创新就是创造新的生产方式和新的经营管理模式。不过这次成立余孝德公司加入了一个手段，就是股份制改革的手段，过去没有想过这个问题。我当时想搞专业化的劳务公司，但没想好用什么手段。现在是把股份制加入进去了，余孝德拿出40万人民币，占40%的股份。把现代手段运用到劳务公司，成为独立的法人实体，创新现象显得十分突出。在工程现场我跟余孝德谈过，如果没有这个过程，没有以前企业内部的劳务公司，不可能有现在独立的劳务公司，改革已达到了这一步，无非是谁来带这个头更好。余孝德是全国劳模，有名气、有品牌，所以才让他挑头，别人没有带动力，作用不强。抓余孝德有社会效应，他是一个创新的现象，是一个改革的过程和产物。

二是工人阶级本色现象。建筑产业工人是工人阶级队伍的成员。工人阶级的本色是什么？我们党是工人阶级的先锋队，工人阶级的本色就是他的先进性，那么当代工人阶级的先进性应当是什么？提出了一个很现实的问题。不同的时代其先进性会有不同的内涵，对先进性的要求，其闪光点也会有不同的表现，先进性也在发展中。当代工人阶级的先进性，在建筑业这个完全竞争性的行业中，是靠市场吃饭，靠市场发展的环境吃饭，那就应当把这个先进性转到市场竞争力上来，敢于冲击市场，拼搏市场，用敢于竞争来体现先进性。余孝德过去在企业内部，没有市场压力，干活吃饭非常好，不用操心。现在好了，把市场的压力直接压到他身上了，过去压不着他，压的是企业。他的先进性就表现在敢于承担市场压力，作为一个独立公司的控股人，是个小老板，把一部分工人组织起来，带领大家去拼搏市场，提高竞争力，是发挥了当代工人阶级本色的，这就从基层揭示了当代工人阶级的本质问题，我们党作为工人阶级的先锋队，就要鼓励劳模带领更多的员工走向市场，发展企业，富裕员工。

三是劳模的当代现象。工人中的劳模是当代工人阶级的一部分，不是说所有工人阶级的成员都要成为劳模，劳模代表工人阶级的一个层面。劳模的意义是什么？是我们党运用劳模这种典型作用来推动一种事业。树劳模不是为了提高个人待遇，要个好名声，这是我们党一个传统的工作方法，任何时候都是通过典型引路来推进工作的，这是一条成功的经验。因为，榜样的力量是无穷的，为什么榜样要有时代性就在这里。因为劳模是推动事业的方式，因此劳模也要发展他的先进性。有的时候劳模是勤俭的，穿的衣服都得有补丁，这是为鼓励勤俭服务的。当代劳模应当放在什么位置上推动我们的事业，用榜样的力量感召着我们的团队，推动事业的发展，这是我们需要揭示的问题。在余孝德问题上敢于打破传统劳模概念，带领员工勇于劳动致富，否则他40%的股份不敢干，别人也不敢跟着他，在这个观念上、特别是在劳模问题上要解放思想。讲奉献多就叫劳模，敢于劳动致富不叫劳模，这是一种不能与时俱进的做法。敢于带领大家致富是不是劳模？如果放在当代来看就是劳模，他的带动里，不但解决了一部分人的思想观念，更重要的是拉动了一批人，特别是把只想依靠企业的人引向了市场，不在企业发怨气了，路子是要自食其力。这不就是把员工引向市场了吗？如果创造很多这样的岗位，拉动更多的人走向市场不就是更大的贡献吗？中建总公司党组一直坚持"研究下岗不如研究市场"的观点，我从来不讲下岗的问题，始终讲结构调整，否则会伤了员工的感情，影响员工积极性。因为建筑业有市场呀，建筑业的市场是发达的，不是说像煤炭、军工行业，建筑业有春天般的市场，你不去研究市场，开拓市场，而专研究下岗干什么？这难道是领导的责任吗？这是不对的。你要考虑企业的发展，考虑员工的生存问题，要给员工搭建舞台推动企业的发展，从这个角度讲，搞些专业化公司，面向市场，寻求发展。

这三个现象揭示了一个本质，充分体现了江泽民总书记"三个代表"的重要思想在基层的伟大实践。

我为什么把他概括为"伟大实践"？"三个代表"不同层面有不同层面的认识深度，理论界要说清楚，这是理论界的重要任务，现在最关键的问题是在基层。如果基层亲自实践"三个代表"，会比单一宣传"三个代表"、比感受"三个代表"都有说服力。我认为余孝德现象是在基层实践"三个代表"的现象。他发展了生产力，原来余孝德在企业内同时只干两个项目，现在面向社会是干四个项目，生产力水平大幅度提高。这也是先进文化在起作用，按过去的观念他不会脱离国有企业，把自己变成私人老板。他是先进文化的武装者。所以我说余孝德现象的本质是"三个代表"在基层的伟大实践。

三个现象，揭示了一个本质，体现了三个问题。

第一，体现了国有建筑企业坚持不断改革、与时俱进的时代风貌。假如中建一局不改革，能有余孝德现象吗？不进行组织结构调整，不搞两层分离，不成立内部劳务公司，不引进股份制，能有余孝德现象出现吗？余孝德所在的母体不改革就不会有这种现象。这是中建一局坚持改革、发展，体现了与时俱进的时代风貌。余孝德公司分流中建一局三公司70余人，实现了专业化劳务公司，这70人没有再下岗问题的困惑。我曾写了一篇文章叫《改革≠下岗》（文章内容详见本书第八要义选读文章第十六篇，著者注），不要把减人当成改革，这是一个误区。

第二，体现了基层党组织善于把先进文化融入党的阶级基础和群众基础的时代特征。先进文化里面的重要内容就是用价值观、人生观、世界观武装"四有"职工。党组织把先进文化拿过来，在哪里发挥作用、提高认识？现在我们通过余孝德现象，从宏观上看这是阶级基础和群众基础的基层群众，我认为从微观上看也是这样，余孝德是在阶级基础里面，在工人阶级的范畴里边，而现在的群体不完全是工人阶级了，余孝德本人发生了变化，叫他私人老板。这个阶段的文化要服务这个阶段的经济基础。这个阶段的经济基础是什么呢，是公有制为主体，多种经济成分共同发展，这是基本经济制度。从阶级基础里面派生出群众基础，如私营企业主、中介组织的从业人员等。这种现象是把先进性融入了阶级基础和群众基础之中了，他的群体是基层党组织所面对的阶级基础和群众基础的结合群体，很多人是进城的农民工组成的群体，这是建筑业的特点，把民营的手段再一用，是混合体了。如何用先进文化来引导这个群体，应当说是当前基层党组织发挥作用的时代特征。不要用原来纯而又纯的观点，只对阶级基础说话，对现在的群众基础也要说话。党组织要敢于支持余孝德现象，关键时候还得靠党员来凝聚员工。

第三，体现了基层优秀共产党员永远不脱离群众的高尚理念。现在脱离群众的现象较为普遍，从微观看，就是基层的党员与群众的关系，党员身边有群众，群众身边有党员，现在是群众看党员，党员看干部。在基层，党员不脱离群众更有现实意义，老百姓看身边的党员，人们的透视是从下往上看的，百姓看我们党也是从下往上看，教育党员要永远不脱离群众，牢固树立这种高尚的理念和情操，这在当前尤其重要。

第七要义：领导文明成在领导班子文明

这是一个领导班子的建设问题，这个问题我讲述了多方面的内容，比较集中的有领导体制问题、思想政治建设问题和廉洁自律问题。

第一，领导班子文明首要的是领导体制文明。国有企业要按《公司法》的要求，来进行现代企业制度的建设。现代企业制度有多方面的要求，其中法人治理结构是最重要的。企业领导体制的文明制度就是建立合理的法人治理结构。

大家知道，由于国有企业的出资人实质上的不到位，以往国有企业按现代企业制度要求所进行的法人治理结构的调整步伐进展缓慢。从一些国有独资企业的情况看，领导体制虽然经历了几次重大的变化，但按全民所有制企业法而就位的格局基本没变，多数单位先是实行厂长（经理）负责制，后来是讲三句话的体制，即坚持党组织政治核心地位，实行厂长（经理）负责制和全心全意依靠工人阶级。1994年7月1日《公司法》实施后，由于仍在国有独资企业的圈子里，因而公司制的改造并没有真正的启动，对现代企业制度的法人治理结构只是可望而不可及的。国务院国有资产监督管理委员会提出，"要积极推动中央企业股份制改造的步伐，逐步开展国有独资公司建立董事会的试点工作，探索建立独立董事和外部董事制度,争取3~5年时间建立起较为规范的法人治理结构,形成比较完善的现代企业制度"。这为我们理清领导体制,建立符合现代企业制度要求的法人治理结构,指明了工作方向。特别是第一次明确提出国有独资企业也要按照《公司法》建立现代企业制度的要求,实行董事会制,这就明确了国有建筑企业领导体制深化改革的重大走向,但是企业领导班子无论实行什么架构,"三句话"格局不会改变,即法人治理结构,党组织政治核心作用和全心全意依靠工人阶级。

在这个格局里怎么样发挥好党组织的政治核心作用是非常重要的。十六届三中全会的《决定》指出:"企业党组织要发挥政治核心作用,并适应公司法人治理结构的要求,改进发挥作用的方式,支持股东会、董事会、监事会和经营管理者依法行使职权,参与企业重大问题的决策。要坚持党管干部原则,并同市场化选聘企业经营管理者的机制相结合。中央和地方党委要加强改进对国有重要骨干企业领导班子的管理。"这段话就如何发挥企业党组织的政治核心作用指明了方向、指明了路子。在适应法人治理结构的要求,改进发挥作用的方式上,是我们要研究探讨和实践的重要课题。在董事会、监事会和经理层中的党员领导干部,必须按照党组织的集体决定发表意见,参与决策。要以组织形式支持法人治理结构。要按照"集体研究、分别体现、双向反映、科学决策"的要求,建立适应公司法人治理结构、发挥企业党组织政治核心作用、参与企业重大问题决策。"集体研究、分别体现、双向反映、科学决策"这16个字是指党委会集体研究决定,其成员分别到董事会、监事会和经理层中去体现,发表党组织的集体决定的意见,在体现过程中要把新的意见反映到党委会中来,大家再讨论决策,这样的双向反映就会使决策更为科学。

总之不能简单照搬资本主义市场经济中的现代企业制度的法人治理结构,而是要十分明确地认识到,发挥企业党组织的政治

第七要义：领导文明成在领导班子文明

核心作用，这是一个重要的原则，任何时候都不能动摇，要坚持运用"集体决定"的方式发挥党组织的政治核心作用，使党组织真正成为把"三个代表"重要思想贯彻到基层、贯彻到各项工作中的桥梁和纽带，成为党的基本理论、基本路线、基本纲领、基本经验落实到基层的桥梁和纽带，成为把党的宏伟目标和历史任务转化为广大职工生产实践的桥梁和纽带。这样看来，如何适应公司法人治理结构的要求，发挥党组织的政治核心作用的途径就很清晰了，各级党组织的任务也就更加繁重了。有的同志说国际上的一些成功大公司并没有党组织，不是运作的很好吗？为什么我国总是要强调党组织作用呢？我认为原因很简单，因为他们是在多党制的国家里边。多党制的国家，不但企业无党组织的地位，在政府里边也没有党的地位。但在我们一党执政的国家里，必然是要把党组织建立在各个方面，各个层次，以体现一党执政的最根本的国情。

第二，领导班子文明关键在思想政治建设文明。领导思想文明是突出加强领导班子的思想政治建设问题，这个课题是任何领导体制中的核心。无论是受《企业法》还是《公司法》调整的企业领导体制的形式如何，都应把领导班子思想政治建设摆在突出位置，这是我国一党执政政体决定的。

思想政治建设的内容概括起来就是"一个中心，七个方面"。"一个中心"即树立中心意识，推进经营、服务大局、坚持发展是第一要务，在带领职工推进企业改革发展稳定的事业中发挥领军作用。这是一个领导班子思想政治建设强不强、靠不靠得住的关键，也是一个领导班子水平的核心支撑力。所以坚持"一个中心"，是一个政治大局的问题，是我们全部工作的主线。从这条主线展开，所谓七个方面就是要从国有企业的基本属性出发，在社会主义市场经济中增强搞好国有企业的信心；就是要真正把企业改革发展的大政方针放在党和国家的大格局中去谋划；就是要在建立和完善现代企业制度和法人治理结构中善于发挥党组织的政治核心作用；就是要在各项工作中真正认识到组织的作用，包括党的组织、行政组织、群工组织的作用，坚持全心全意依靠工人阶级；就是要真正把纪检监察工作作为重要方面常抓不懈；就是要团结一心，真抓实干，善于运用高超的领导艺术和领导方法去实现领导的目标；就是要自觉不断的用"三个代表"重要思想来武装头脑，加强学习和党性修养，进一步增强领导班子成员的政治观念、组织观念和群众观念。

在政治观念上，要自觉把领导班子放在体现抓执政党执政地位的高度并不断加强思想政治建设，也就是说执政党为人民执政、依靠人民执政的根本要求，应体现到领导班子的全部工作之中。

组织观念作为思想政治建设的重要内容就是要坚持党的组织原则，做到"少数服从多数，下级服从上级，个人服从集体，全党服从中央。"在领导工作中坚持"民主集中制"不能把个人摆在组织之上，不能搞个人说了算，组织原则是党的政治纪律，不可视组织不顾搞自由主义。

群众观念就是坚持为人民服务的宗旨，只有心里装着普通群众，才有为群众着想，从群众利益出发的办事原则，在工作作风上一定要坚持理论联系实际，密切联系群众的扎实作风，在增强政治观念、组织观念和群众观念的过程中，加强领导班子思想政治建设。

大家都知道，团结就是力量，团结才能干事业，团结才能干成事业。班子要团结融洽，关键是做好协调配合，党政主要领导的配合，正副职的配合非常重要。由于经历不同，工作中有不同看法是正常的，只要以事业为重，讲团结，讲大局，就能求同存异。领导班子成员要爱护团结，既讲党性、纪律，也讲感情、友谊，努力成为政治上志同道合的同志，思想上肝胆

第七要义：领导文明成在领导班子文明

相照的知己，工作密切配合的同事，生活上相互关心的朋友。

我们的领导同志都要珍惜合作共事的机会，平时多通气，多交换意见，互相支持，互相尊重，要有海纳百川的气度，对工作要严、廉洁要严，对人要宽容、大度，要大事讲原则，小事讲风格。从一些班子情况看，相互沟通、理解、交谈是最基本的工作方法，领导班子的同志都要主动这样做，有"八不"之言，很有针对性，即互相支持不争权、互相信任不怀疑、互相尊重不刁难、互相理解不赌气、互相关心不冷漠、互相补台不拆台、互相配合不推诿、互相通气不闭塞。

第三，领导班子文明廉洁自律要过硬。

在这方面必须遵守"四大纪律"，做到"六个必须"和"八项要求。"四大纪律即：严格遵守党的政治纪律、组织纪律、经济工作纪律、群众工作纪律。六个必须即：必须坚持围绕发展这个党执政兴国的第一要务；必须坚持党要管党，从严治党的方针；必须坚持立党为公，执政为民；必须坚持惩防并举，注重预防；必须坚持和完善反腐领导体制和工作机制；必须坚持解放思想、实事求是、与时俱进。八项要求即：一要自觉同党中央保持高度一致，不阳奉阴违，自行其事；二是要严格遵守民主集中制，不独断专行，软弱涣散；三要依法行使权力，不乱用职权，玩忽职守；四要廉洁奉公，不接受任何影响公正执行公务的利益；五要管理好配偶、子女和身边的工作人员，不允许他们利用本人的影响，谋取私利；六要严格执行组织、人事纪律，不任人唯亲，营私舞弊；七要艰苦奋斗，不奢侈浪费，贪图享受；八要务实为民，不脱离群众，不争名利。

领导文明与建筑业

选读文章之一：

学习实践"三个代表"重要思想，加强领导班子思想政治建设

关于国有企业领导班子思想政治建设，毫无疑问一定要体现在一个中心七个方面上。一个中心即树立中心意识，服务经营，推进发展，服务于大局，在带领企业改革发展稳定的事业当中发挥领军作用。从这条主线展开，从更深的意义讲，国有企业领导班子思想政治建设是一个领导班子靠不靠得住的关键，是一个领导班子领导水平的核心支撑力，这个支撑力强不强，要看七个方面的认识和实践。

第一，国有企业领导班子思想政治建设强不强，要看是不是真正体现了国有企业基本属性的本质要求。那么，这个基本属性是什么呢？我概括了四句话：国有企业是中国先进生产力的重要部分，是中国先进文化的社会组成，是实现人民根本利益的经济支撑，是执政党的阶级基础。这四句话的基本属性，从本质上要求我们领导班子要热爱国有企业，要树立搞好的信心，要振作搞好国有企业的精神状态，不断地去奋力开拓进取。

这一条作为第一条十分重要，内容可包含三个方面：一是解决立场问题，要热爱国有企业，要有信心；二是要把解放和发展生产力作为中心，认真落实第一要务，这就是发展；三是企业文化的先进性十分重要，领导班子不会用先进文化来引领广大员工向着一个方向前进，就会失去领导。文化提供精神动力，企业文化就要提供企业发展的动力。企业文化作为先进文化，经过了"外塑形象、内练素质"的第一阶段，目前就应进入第二阶段。这个阶段的作用就是"推出形象，拉回商机"。形象包括视觉形

第七要义：领导文明成在领导班子文明

象、理念形象、团队形象。

第二，国有企业领导班子思想政治建设强不强，要看是不是真正把企业改革发展的大政方针放在党和国家的大格局中去谋划。我们看问题想问题必须自觉的同党中央保持一致，要按全党的统一部署去工作。当前经济发展并不协调，中央的经济方针是"扩大内需、调整结构、深化改革、扩大开放、统筹兼顾、协调发展、促进就业、改善生活"。所以，我们一定要明确当前的大局是什么，这就是全面、协调、可持续发展的新的发展观。在这里，效率和社会就业的矛盾是决定大局的。当前，再就业工作就是当前全党全国工作的大局，是关系到改革发展稳定的大事，关系着实现全面建设小康社会的宏伟目标。最近以来，中央一直强调群众利益无小事。就业和再就业对群众来说是天大的事，重视不重视这项工作，就是讲不讲政治的问题，就是对人民群众有没有感情的问题，就是干不干实事的问题。

第三，国有企业领导班子思想政治建设强不强，要看是不是真正坚持在社会主义市场经济中去建立和完善现代企业制度和法人治理结构。我们国有重要骨干企业领导班子的负责同志一定要非常明确：我们是社会主义市场经济的国有重要骨干企业，"社会主义"四个字不是画蛇添足，而是画龙点睛。所以在我们企业改制当中，不是简单照搬资本主义市场经济中的现代企业制度和法人治理结构，而是要十分明确地认识到，在董事会、监事会和经理层中党组织的作用须臾不可离开，而且要运用"集体决定"的方式发挥党组织的政治核心作用。使党组织成为把"三个代表"重要思想贯彻到基层的桥梁和纽带，成为把党的基本理论、基本路线、基本纲领、基本经验，落实到基层的桥梁和纽带，成为把党的宏伟目标和历史任务转化为广大职工生产实践的桥梁和纽带。这是两种制度下两种不同性质企业的根本区别，也就是说是一种制度两种方式。

第四，国有企业领导班子思想政治建设强不强，要看是不是真正认识到组织的作用，包括党的组织、行政组织、群工组织的作用，坚持群众工作路线。这就要求善于运用民主集中制的组织原则去发挥好行政组织、群工组织作用。应指出工会组织是非常重要的。这里我从实践中感到还有个隐型组织的问题，社会群体中由于同乡、同学等客观条件的多种因素会形成有型的"圈子"，但却是无型的组织。引导好这一群体组织是十分必要的。

第五，领导班子思想政治建设强不强，看你是不是真正把纪检监察工作作为重要方面常抓不懈。一个领导班子对纪检监察工作应坚持这样三条，一是在思想认识上真正认为这是领导班子制度建设中不可缺少的方面，只有建立起包括"制约"在内的制度和机制，才能说一个机体的制度和机制是完善的。我们是共产党领导、人民当家作主和依法治国的政治制度。纪检监察制度把党内纪检和行政检察结为一体，这是中国特色社会主义制度法制建设的体现；二是在指导思想上真正从"维护"着眼、从"爱护"出发，始终坚持"预防为主"的指导方针。执政党在人民群众中的地位和威信要靠各级党员领导干部的形象去体现。党和人民群众的血肉联系要靠广大共产党员的形象去体现。充分发挥纪检监察的作用、树立共产党员和党员领导干部良好形象就能在这两个体现当中起到良好作用；三是在工作部署上要从被动工作方式转为主动工作方式，增强预见性，超前思考，立足前沿，把"预防为主"的指导方针落实到具体的工作部署的全过程。从以上三个方面来看我们"下沉、前移、警示、公开、重效"的10字工作。下沉——是深入到市场对接层次的案发部位建立制度完善机制；前移——是用制度防止行为上的违法违纪违规；警示——是从思想上教育引导人不要去"想"；公开——是针对过程的监控；重效——是针对经营决策是否失误而言的效能监察。

第六，领导班子思想政治建设强不强，要看是不是能够运用

第七要义：领导文明成在领导班子文明

高超的领导艺术和领导方法去实现领导的目标。这个问题学问很大，也无定律可循，但我们可以在实践中去领悟去创造。我认为有这样几点：

其一，思维方式是领导艺术的前提。世上的事情是复杂的，人的思想更为复杂。从事思想政治工作的人，不能用简单的思维方式去处理复杂的思想问题。有什么样的思维方式，就有什么样的思想方法。思想方法搞对头了，工作就容易做得好一点。因此，思维方式是做好思想政治工作的前提。我认为，思维方式应提倡"亦此亦彼"，不要搞"非此即彼"。

"非此即彼"，即：不是这个，就是那个。最有代表性的语言："不是东风压倒西风，就是西风压倒东风"，"凡是敌人反对的，我们就要拥护；凡是敌人拥护的，我们就要反对"。实践证明，这种简单的思维方式，在处理复杂的国际事务和社会问题时，是根本行不通的。过去，非此即彼的思维统帅了我们好多年，造成的危害也很大，把人的思想引入了理论的死胡同。"亦此亦彼"，即：既是这个，也是那个。通俗点说，就是你中有我，我中有你。这种情况非常普遍。比如，企业所有制问题，过去是"小集体"向"大集体"过渡，再向"全民"过渡，必须是纯而又纯的所有制形式，搞了几十年，结果很不理想，后来就不再提倡了。现在的公有制企业，可以搞成"混合型"，可以加入民营成分，怎么有利怎么做。这种"混合型"所有制的出现，就是既有这个，也有那个，即上面所说的"亦此亦彼"。

作为一名领导者，尤其不能搞非此即彼。不然就会犯简单化、概念化的错误。这个思维方式是我提倡"一分为三"处理问题的思想之根源。当然，"亦此亦彼"的对待客观事物，究竟能派生出多少种新的状况来，那是多种多样的，并不就是一个"三"能概括的。但一分为三的"三"也是多的意思，"一生二、二生三、三生万物"，并不是绝对的"三个"。

其二，工作方法是领导艺术的体现。这里的关键是解决集体领导与个人负责的关系。实质是坚持好民主集中制的原则问题。

我们党的组织原则是民主集中制，提倡集体领导，历来反对"个人说了算"。个人说了算，就是不按决策程序办事，不按民主集中制的原则办事，这是我们党一再反对的。但是按组织程序走下来，走到最后，还得有人出来拍板，不能什么事都举手表决，民主集中制的最后环节就是集中嘛，不然怎么出结论哪？集中，就是要有一个人出来集中大家意见，拍个板。拍板的这个人，就要说了算，这个说了算是符合民主集中制原则的。

反对个人说了算，是为了杜绝主观主义，决策片面性和随意性。股份制企业有董事会，国有企业有总经理常务会，这些"会"的作用就是发挥大家的智慧，集体研究讨论重要问题，对重大事件作出决策。大家意见统一，怎么都好办，在意见不统一的时候，就要董事长或者总经理出来拍板了。但是不能因为最后都是"一把手"拍板，就不要集体讨论了，不能省略这个程序。"个人说了算"与"要有一个人说了算"的区别，就在于它的决策过程，有没有这个过程性质就大不一样。

要善于把握群众的心声。这里的关键是掌握住群众的动向，善于因势利导。因而对群众意见不要"精加工"。现在群众写信或上门反映问题，有信访部门和纪检部门"把关"，这是必要的，不然领导干部整天陷入这种"琐事"之中，就别干"大事"了。信访和纪检部门的职责是把群众反映的问题整理出来向领导汇报。这就有个怎么整理群众意见的问题。把所有的意见原封不动地往上报，显然不妥，总要适当地"筛选"、归类，有些意见在写简报时还要做些文字加工。但是"粗加工"好，还是"精加工"好呢？民主生活会制度是各级领导班子建设的重要制度。要过好民主生活会，提高生活会的质量，纪检部门征求意见是必须的，而且在生活会之前，要把群众的意见整理出来，向领导同志汇报。这时候对于纪检部门来说，就有一个征求意见材料的加工问题。有些群众意见可能很尖锐，整理材料的人为了让领导看了不"刺眼"，常常会把"棱角"磨一磨。有些材料要一级级往上报，每一级都磨，筛子眼儿一级比一级细，最后报到上面去，棱角早就磨平了，面目全非。群众意见的尖锐性没了，变得很温和，不"刺眼"，更不刺思想，不痛不痒，失去了原来的意义。因此我主张各级信访和纪检部门，对群众意见要"粗加工"，不要"精加工"，尽量保持群众意见的原汁原味，这样领导看了才能真正了解、体察下情，这种意见看了才有意义。领导干部听不到真话，判断问题就容易出现错位。

另外，领导同志都要学会正确判断群众的声音，我曾用"打折"和"加倍"来说明这个道理，一般说来，"对顺耳之言要打折，对逆耳之语要加倍"（这篇文章详见第八要义选读文章第十五篇，著者注）。

其三，人格魅力是领导艺术的灵魂。品德型领导者有这样四个特点：一是踏实肯干，有很强的处理现实问题的能力。他们富有牺牲精神，是做具体工作的实干家；二是作风民主，有很强的沟通能力。他们善于理解人，听取意见，往往是群众的代言人；三是顾大局、识大体，有很强的协调能力。他们在名利面前退避三舍，能维护班子的团结，是班子的核心力量；四是他们一般都有较深的阅历和丰富的经验，又因品德高尚，所以群众威望很高，甚至在班子里不讲话、不行动，也能稳定局势，在群众之中一出现，人们便向他们靠拢。

领导方法的进一步提升就是领导艺术，之所以用"艺术"而不用"方法"，是因为当今的领导文明对方法的要求更高了，应当在领导艺术上有新的创造。我在 GE 公司学习回来写的学习体会当中，对 GE 公司的总裁 CEO——韦尔奇的领导艺术进行了概括和描述。这种领导艺术的中心内容就是"以人为本"，真诚的以员工为本就会有更多的领导方式方法，引领大家向着一个方向前进。

第七，领导班子思想政治建设强不强，要看是不是每一个领导干部都能自觉不断的用三个代表重要思想来武装、提高自己。"三个代表"重要思想蕴含于实践之中，只要在日常工作中善于学习，善于吸取，就能够不断成为用"三个代表"重要思想武装起来的人。

从我个人的成长经历来看也是这样的。我原在中建一局安装公司第二施工处当党支部书记，后来调到国家机关。1983年10月组织上突然通知我，某日10点到国家计委副主任办公室。我准时赶到，主任、人事司司长、调研室主任等坐一排，给了我三个问题，让我五分钟后回答。第一个问题是：对党的十一届三中全会认识最深刻的是什么？第二个问题是：在成长过程当中体会最深的是什么？第三个问题是：对国家基本建设的改革有何见解？

第一个问题，我说对实事求是的思想路线体会最深。我在安装公司当党支部书记时，发现一名知识分子，表现很好，想发展入党，但他的家庭有背景问题。为此事我还亲自跑到了北京市委，但市委组织部说，他那种情况按当时规定是不能入党的。十一届三中全会召开后，市委明确表态，批准他加入中国共产党。此事说明，十一届三中全会思想路线是实事求是。第二个问题，我说，要始终相信组织。为什么？我读高中任班团支部书记时，就积极要求入党，上大学参加社教时，又三次申请入党，但一直没批准，我不知道怎么回事。后来人家告诉我，我高中时的班长被打成反革命，牵连到我和一些同学。虽然发生了这样的事，但我没有动摇对组织的信仰，相信组织，相信党，我坚信总有一天组织会接纳我的，1972年12月26日毛主席生日这天我光荣地加入了中国共产党。第三个问题是对基本建设改革的见解。当时我搞统计，研究过苏联的投资体系。我便建议吸取苏联在建设投资体系方面的经验，把在建规模与新一年的投资规模定一个合理的比例。

第七要义：领导文明成在领导班子文明

说这些故事告诉大家一点，平时的思考积累是在于每时每刻的。其实我根本没料到会考核我，而且三个问题谁想得到？假如我平时没思考积累，就答不上来。我在这次面试中成功了，才有了我今天。如果平时不这样积累，机遇就会匆匆而过，有了这样的积累就会抓住机会。我写过"做人、做事、做官"，这个次序不可倒置。所以不要急躁，要蹲苗，蹲出本事来，更重要的是要蹲出品格，不要见领导喜欢什么，就说什么，说违心的话，这样只能一时得胜，不能长远，所以我们要不断的提高自己，永远提高自己，作为领导班子成员更要不断提高自己。

选读文章之二：

领导班子思想政治建设的"三看"和"八炼"

领导班子建设的方向性问题，核心就是思想政治问题。江泽民总书记在纪念党成立75周年座谈会的讲话中指出，作为领导干部不论在什么岗位，做什么工作，都要具备基本的政治素质，高级干部首先应是政治家，领导骨干要有政治家素质。也就是说，领导干部思想上要强，政治上要强。那么思想政治建设体现在哪些方面呢？衡量的标准是什么呢？我认为一个班子思想政治建设强不强主要看三个方面：一看是不是与党中央保持一致，讲政治纪律，局部利益服从全局利益，做到个人服从组织，下级服从上级，少数服从多数，全党服从中央；二看是不是按党的基本路线办事，坚持"一个中心，两个基本点"，以经济建设为中心，把企业生产经营搞上去，坚持发展是硬道理的第一要务。所以讲政治，绝不是要以阶级斗争为纲，说大话，说空话，说假话，搞"两张皮"，搞空头政治，搞人整人。政治上强要体现在贯彻党的基本路线上,体现在促进企业生产经营的发展上,这是我们看一个班子思想政治上强不强的主要标准;三看班子成员思想意识健康不健康,围绕协作、合作共事好不好,关心群众,关心基层,务实作风强不强。

就领导成员个人素质讲,应注意八个方面的锤炼和提高。第一,要有较强的战略决策能力。能够总揽全局,审时度势,掌握国内国外市场需求和管理、技术进步的动态,有眼光,有胆识,善抓机遇,勇于开拓,不断创新。第二,会观察人,会团结人,会使用人。领导干部必须心胸宽广,公道正派,任人唯贤,不拉帮结派,不搞小圈子,不搞小山头,善于发现人才,用好人才。第三,要善于学习,善于吸取各方面的知识,丰富自己,不仅是本专业的行家,而是要成为能够领导企业内部各专业部门和众多专业的通才,而不能以其昏昏、使人昭昭。第四,要有强烈的使命感和进取心,锲而不舍的毅力和不达目的决不罢休的决心。要能够感染、鼓舞同事和下属人员一起拼搏。第五,要有较强组织领导能力和协调控制能力,能够领导大家把企业的规划、方针、目标、方案付诸实施。所谓组织能力:①要能充分调动发挥全体职工的积极性,做到人尽其用,人尽其力;②能够根据任务、目标的需要,建立起合理组织机构;③是建立分工明确、和谐通畅的工作秩序和工作制度;④培养高效率的工作作风。所谓协调控制能力,就是善于协调处理好各方面的关系,善于化解各方面的矛盾,能及时制止各种越轨行为。第六,要具有与人为善、良好交往的才能,善于公共关系,这包括具有清楚、简明、逻辑性强的书面表达和口头表达能力,倾听和理解他人谈话的能力,能够与政府部门、银行和兄弟企业等方方面面的人和睦相处,建立信任与友谊,进行建设性合作。第七,了解和适应中国国情。讲政治,讲党性,讲民主,善于处理好行政、党委、工会之间的关系,特别是改制后的企业要善于处理好董事会、经营班子和党委之间的关系。第八，要清正廉洁，严于律己，率先垂范。"做事先做人，正人先正己"，要敢于向全体职工讲"向我看齐"，具有很强的人格力量、榜样力量，具有很大的凝聚力和感召力。

我们注重领导班子的整体建设，注意领导成员的自身建设，更要注重广大干部队伍的建设。因为干部队伍建设是各级班子建设的基石、基础，没有广大干部队伍的建设，就不能出来好的领导班子，就不能形成"长江后浪推前浪"的局面。平时抓好干部队伍建设，培养好班子后备队伍，同样是班子建设的重要任务。各级领导班子如何把各个岗位的干部、不同层次的干部培养好、引导好、管理好，把选人、用人这个关键性问题解决好，是干部队伍建设的根本性工作。还应注意的是，用人不能感情用事，不能按人划线，不能庸者上，能者下。不能调整了领导，就"一朝天子一朝臣"，这不利于干部队伍的稳定。要注意保护有作为的干部，有的干部有点作为，出了点成绩，告状信就会来。对告状信要分析，有的是群众正常反映，有的确是整人的一种手段。有人讲，要整人先造个舆论，就说某某要提拔了，这时告状信就会引上来。如果我们领导对干部本质的认识不清楚，这时就会被迷惑，提拔与被查的舆论一旦造出来，对干部积极性的打击是很大的。因此，作为领导对这个问题特别要全面分析，细致筛选，正确对待，正确处理。

选读文章之三：

建设高素质的领导班子是做好工作的根本保证

(本文是著者1997年3月18日在中建总公司人事劳资工作会议上的讲话(节选))

1997年是我国历史发展上重要的一年，有两件举世瞩目的政治大事：一是恢复行使对香港的主权；二是召开党的第十五次全国代表大会。对于中建总公司来说还有第三件大事，就是中建总公司成立15周年。这既是中建总公司奋发图强、开拓进取的第15个年头，同时，也是我们实现"九五"计划的重要一年，具有承上启下，继往开来的意义。在这新的一年里，我们人事劳资工作的指导思想是：坚持以邓小平同志建设有中国特色社会主义理论和党的基本路线为指针，深入贯彻党的十四届四中、五中、六中全会以及全国组织部长会议、劳动工作会议、全国企业党的建设工作会议精神和江泽民同志的"七一"重要讲话，根据中建总公司的实际，以建设高素质的领导班子，高素质的干部队伍和高素质的中建员工为目标，继续推进各级领导班子组织和思想政治建设，加大选拔培养优秀年轻干部的力度，不断完善人事劳资制度的改革，大力推动双文明建设，提高中建总公司生产经营持续发展的质量。我认为要努力建设一支高素质的中建职工队伍。

我国的社会主义现代化建设已经进入重要的发展时期，努力实现国民经济和社会发展"九五"计划和2010年远景目标，加快经济体制和经济增长方式两个根本性转变的步伐，必须切实搞好国有企业，这是事关全局的一项紧迫的战略任务。搞好国有企业，是全党的大事，是经济发展的大事，是体制改革的大事。各方面都在千方百计为搞好国有企业献计献策，但无论采取什么措施，包括我们中建系统，都要依靠广大职工、广大干部，特别是各级领导干部的积极性和创造性，否则就会变成一句空话。那么，建设高素质的领导班子、高素质的干部队伍、高素质的中建员工，就尤为重要。可以说是战略中的战略，基础中的基础，是各项保证措施中的根本保证，因此要从五个方面大力加以强化。

第一，大力强化各级领导班子的考核建设，造就一支高素质的中建职工队伍的"火车头"。

大家知道，中央决定今年要集中力量对国有大中型企业的

第七要义：领导文明成在领导班子文明

领导班子进行一次普遍的、认真的考核。去年底的政工会议我已讲述了这个问题，打过招呼。这是一项建设高素质领导班子的难得机遇，我们一定要抓住这一有利的时机，把高素质干部队伍的"火车头"整顿好，建设好。最近，中组部、国家经贸委、人事部、全国总工会四个部门以中组发（1997）7号文发出了《关于做好国有企业领导班子考核建设工作的通知》，这个通知明确了这一次全面考核的指导思想、基本原则、范围对象和总体要求。明确了实施这项工作的领导关系，就是按现行体制，谁管理谁负责。中建总公司党组将担负起全系统的企业班子考核建设任务，并按照中央明年上半年以前完成的要求，力争提前完成这项工作。中建总公司领导班子已经过国家人事部和建设部的考核。公司自1995年以来，也已按照中共中央组织部、国家经贸委、人事部《关于加强国有企业领导班子建设的意见》（组通字（1995）27号），对直属单位绝大多数领导班子进行了考核调整。

根据中组部的通知要求，对已考核的领导班子，情况已基本清楚的，可以在原来考核的基础上，针对存在的问题进行整改，进一步加强领导班子建设。

关于直属单位所属公司领导班子的考核建设问题，要摆到这次考核建设工作的议事日程上来。我们又注意到直属单位对所属公司的领导班子的考核建设工作，一直是比较重视的，有的单位也已按照中央和中建总公司的要求，对下属公司的领导班子进行了考核工作。但是，发展还很不平衡，有的单位在开展这项工作上还有差距。各直属单位一定要高度重视，切实抓好所属公司领导班子的考核建设工作。要注意如下几点：一是严格按照中组部的通知要求和总公司关于领导班子组织建设的意见，结合自己单位的实际，凡没有对所属公司领导班子进行考核的，必须在今年底以前普遍地、认真地进行一次考核。已考核调整的领导班子，也要在已考核的基础上,针对存在的问题,进行整改,对领导班子进行充实。二是对领导班子的考核,要突出重点,重点抓好经营性亏损企业,职工意见比较大、内部矛盾和问题比较多的公司领导班子。对盈利公司领导班子的状况,要作出实事求是的评价和分析,考核和建设工作也不能放松,注意清除潜在的问题。三是这次会议后,在认真传达贯彻会议精神的同时,要对所属公司的领导班子状况进行一次全面地分析,要在分析的基础上,做出部署、制定计划。

第二,大力强化后备干部队伍建设,造就一支高素质领导班子的后备军。

培养选拔优秀年轻干部,加强后备干部队伍建设,事关全局,事关未来,也是我们加强领导班子建设,提高干部队伍素质的一项战略性的基础工作。中建总公司对后备干部队伍建设历来是十分重视的,1991年在沈阳专门召开了后备干部工作会议,近几年召开的人事工作会议,对后备干部队伍建设都提出了要求,特别是1995年召开的人事劳资工作会议,又制定印发了《关于改进和加强后备干部队伍建设的几点意见》,对后备干部工作提出了具体的目标、措施和要求。1996年底,中建总公司又召开加强后备干部队伍建设研讨会,对如何加强后备干部工作进行了研讨。两年来,总公司对机关机构和直属单位的领导班子进行了调整,提拔了一批德才兼备的优秀年轻干部,应当说我们在后备干部队伍的建设上取得了一些成绩。党的十四届四中全会和中建总公司1995年召开的人事劳资工作会议以来,绝大多数单位对于培养选拔优秀年轻干部这件大事认识有深化,工作上有加强,但是在有的单位和有的领导同志中,认识还不够高,缺少战略眼光和全局观念,具体体现在,在领导班子的调整中,后备干部的工作确实还存在滞后的问题,无论是在数量上还是在质量上都满足不了我们对领导班子调整的需要。

第七要义：领导文明成在领导班子文明

关于如何加强后备干部队伍建设，我强调如下几点：

一是要进一步解放思想，提高认识，努力在选拔使用优秀年轻干部方面实现新的突破。在选人用人问题上，各级领导干部，尤其是主要负责同志一定要有政治家的眼光和胸怀，坚持从党的事业出发，有一种甘为"人梯"的奉献精神，满腔热情地支持优秀年轻干部脱颖而出，自觉地肩负起培养选拔优秀年轻干部的历史责任。马廷贵总经理（1988～2001年担任中建总公司总经理，著者注）也曾经讲过，各单位党政一把手，如果在应该交接班时，还提不出合格的人选，就是严重失职。今天，我再次强调各级领导一定要做好选拔培养接班人工作，意在引起各单位、各位同志的重视，切实解决思想认识上的误区。

二是要建立一支数量充足、专业配套、素质优良、可供选择的后备军。"后备军"就不是一个两个，就不是一个班，一个排，而是有足够的数量。这里的重点是抓好党政一把手后备干部的选拔和培养。党政一把手后备干部，一直是后备干部队伍建设上的难点，建设好领导班子，关键是选好经理、党委书记、董事长，只有加强对"班长"后备干部的培养，才能保证企业的兴旺，后继有人。希望通过这次会议，再进行一次检查，对后备干部的年龄要有一定限制，局院级后备干部年龄限制在45岁以下，局属公司后备干部年龄在35岁以下。近期能提拔到领导岗位上的，年龄可适当放宽。还要注意选拔一批30岁左右，有培养前途的后备干部。

三是要抓好专业技术后备干部的培养。专业技术后备干部是后备干部队伍建设中十分重要的组成部分。过去一提后备干部队伍建设，首先想到的是党政领导班子后备干部队伍建设，专业技术后备干部这个概念没有在我们的头脑中占有应有的位置，在专业技术后备干部的培养上还存在很大的误区，存在重党政后备干部的培养，轻专业技术后备干部培养的问题，有的单位甚至没有把专业技术后备干部的培养纳入计划，没有采取切实可行的措施。我们要加大这项工作的力度，采取得力的措施，把那些具有良好政治素质、坚实专业知识基础，较高专业技术水平，较强工作能力的优秀专业技术人才选拔出来并重点加以培养。要分层次、分渠道，自上而下地建立青年技术带头人的选拔、培养工作体系，不仅要造就一支能够掌好权、用好权，善于在国内外市场竞争中办好企业的社会主义经营者队伍，还要造就一支具有世界先进水平和国内领先的科技专家和各类专门人才队伍。

四是要进一步解决后备干部选拔、培养、管理上存在的问题。克服重使用、轻培养，重当前、轻长远的现象；克服培养使用脱节，甚至备而不用的现象；克服单位之间不平衡，自己单位培养的人只能自己使用的老习惯。要建立一种灵活的用人机制，培养后备干部不能局限于自己的小圈子，要放到中建总公司这个大环境中去考虑，放到局和公司这个环境中去考虑，在单位和单位之间、机关和基层之间、国内和国外之间进行交流、调剂、使用。

五是加强对后备干部工作的领导。各单位要重视后备干部队伍的建设，后备干部队伍建设由各级党委领导，组织部门具体负责，人事部门协助配合。各级党委要解放思想，统一认识，要加强这项工作，加大工作的力度，切实把后备工作队伍建设好。各级党组织对年轻干部要热情关心，严格要求。有的年轻干部之所以出问题，有他们主观放松学习，进取心不强，忽视世界观改造等原因，也与组织上要求不严，教育不够，监督不力有关。我们衷心希望年轻干部尽快成长和成熟起来，担起历史的重任，这是我们中建总公司在发展上继往开来的保证。

第三，大力强化思想政治建设，全面提高高素质职工队伍的政治素质。

加强思想政治建设，是建设一支高素质干部队伍的中心任

第七要义：领导文明成在领导班子文明

务。无论是领导班子建设，还是后备队伍建设，也无论是干部队伍的建设，还是员工队伍的建设，都必须把提高思想政治素质作为建设"高素质"工程的基础，大力加以强化。从我们干部队伍的情况看，建国前参加革命工作的同志基本上退出了工作岗位，20世纪50年代参加工作的也大部分退下来了，60、70年代后期和80年代初期成长起来的干部已经成为干部队伍和各级领导班子的主体，一大批中青年干部必然走向各级领导岗位，必然成为各方面的骨干。当前和今后一个时期，将是新老干部合作与交替的重要历史时期。这个时期，这支队伍传统的好思想、好作风和新形势下的新思想、新作风，必将形成适应"高素质"要求的精神主流，这是我们应当看到而且应当引以为自豪的主流。但是，还必须看到，在领导班子和干部队伍中还不同程度地存在着思想政治素质不高的问题。有的同志只是埋头于日常业务工作，忽视理论政治学习，对共产主义、社会主义的理想信念不够坚定，甚至发生动摇，在大是大非问题上头脑不清醒，立场不坚定；有的背离全心全意为人民服务的宗旨，作风浮夸，脱离群众，脱离实际，高高在上，官僚主义、形式主义严重；有的贪图享受，私欲膨胀，甚至以权谋私，违法乱纪；有的革命意志衰退，不思进取，工作消极，回避矛盾，得过且过；有的自由主义、个人主义严重，在党内政治生活中讲面子不讲正义，讲关系不讲原则，讲私情不讲党性；有的驾驭社会主义市场经济能力不高，全局观念和集团意识不强，不适应总公司生产经营的需要。我们一定要正视这些问题，认真分析产生这些问题的原因，采取相应对策，大力强化各级领导班子和广大干部的思想政治素质。

强化思想政治建设，提高领导干部的思想政治素质，必须按照江泽民同志关于讲政治的要求，讲学习、讲政治、讲正气，在政治方向、政治立场、政治观点、政治纪律、政治鉴别力、政治敏感性等方面严格要求干部，锤炼干部。在中建总公司政治工作会议上，我曾分析过总公司的五个态势，其中四条是说各级领导班子组织调整的合理结构基本形成，但以领导班子思想政治建设为核心的班子建设、党的基层组织建设的任务相当繁重。一条是说广大职工爱国家、爱社会主义、爱中建的精神主流基本形成，但解决职工适应社会主义市场经济的思想观念，尤其是解决世界观、人生观、价值观的任务相当繁重。同时我还提到把"三讲"和"五个作风"，也就是理论联系实际的作风、密切联系群众的作风、批评与自我批评的作风、艰苦奋斗的作风、勤政廉政的作风结合起来，常作为领导班子思想政治建设的主要内容来抓，现在看以此带动广大干部的思想政治建设也是很现实的，很有针对性。各单位可在这方面继续抓下去。当前，要特别注意需要干部解决好以下五个问题：

其一，坚定信念。就是要坚定共产党人的理想信念，提高贯彻执行党的基本理论、基本路线和基本方针的自觉性。我们讲共产党人的理想信念，重点是要求我们的干部，特别是每一个企业领导者，时刻不忘我们是社会主义的企业，我们的工作为的是壮大企业的实力，使国有资产保值增值，这也就是我们平时常说的坚持社会主义方向。为此，必须进一步加强学习，努力学习马列主义、毛泽东思想，特别是邓小平同志建设有中国特色社会主义理论。学习中，要在三个方面下功夫，即要在掌握理论的科学体系上下功夫；要在掌握精神实质上下功夫；要在指导实践上下功夫。同时要做到四个联系，坚持联系党的历史，联系改革和现代化建设实际，联系当前的形势和任务，联系个人的工作和思想实际，不断提高自己的水平和能力。增强贯彻党的路线、方针、政策的自觉性，增强贯彻中建总公司改革和发展纲要的自觉性。

其二，牢记宗旨。就是要努力实践党的全心全意为人民服务的宗旨，密切联系群众，坚决维护人民群众的利益。共产党是为人民服务的，党和群众的关系就是鱼水关系，也是舟水关系，

第七要义：领导文明成在领导班子文明

"载舟之水可以覆舟"。《中共中央关于社会主义精神文明建设若干问题的决议》指出，社会主义道德建设要以为人民服务为核心。这说明为人民服务不仅是个政治原则，更是个道德原则。这种道德原则不仅同社会主义性质相一致，而且同社会主义市场经济相一致。为人民服务不仅是共产党人的根本宗旨，也应该推广到全体员工中去。因此，我们想问题，办事情要看职工高兴不高兴，赞成不赞成，答应不答应。新形势下，对干部，特别是对领导干部的要求不是降低了，而是提高了。在改革开放和发展社会主义市场经济的过程中，在全国各条战线和中建总公司系统涌现出了许多的优秀干部和领导同志，我们应该向他们学习，投入到生产经营的第一线，深入基层，深入群众，调查研究，了解群众的意见和愿望，时刻关心群众的冷暖疾苦，想群众之所想，急群众之所急，办群众之所需，解群众之所难。这样的好干部才能有威信，才有号召力，才有凝聚力，才能带领职工把岗位搞好，把企业搞好。

　　其三，严守纪律。就是严格遵守党的组织原则和政治纪律，自觉维护全党在思想政治上的高度一致和行动上的高度统一。党的纪律是党团结统一的基础，是党战斗力的保证。首先，要严格遵守政治纪律。在政治纪律方面，中央提出了四条：维护中央权威，在政治上同以江泽民同志为核心的党中央保持一致，反对地方和部门的保护主义，保证中央政令畅通；认真贯彻民主集中制原则，凡属重大决策、重要项目安排和大额度资金的使用，必须经集体讨论作出决定，不准个人或少数人专断；反对阳奉阴违，弄虚作假，虚报浮夸的行为；坚决反对和制止散布反对党的基本路线的言论，反对自由主义，反对谣传等一切破坏党的团结的言行。同时加强企业内部宏观调控的力度，强化集团意识，提高企业整体的竞争力。对违反政治纪律和损害企业利益、有损中建形象的，必须及时进行处理。

其四，廉洁自律。就是发扬艰苦奋斗精神，坚决同腐败现象作斗争。在新的形势下，确实有一些同志把人民的利益抛在脑后，理想、信念动摇了。有的损害企业利益，挥霍企业资产，图谋个人私利；有的在金钱、色情、权力观上打了败仗。这些情况社会上有，我们企业也不同程度的存在。社会上流传一种顺口溜"前途前途，有钱就图；理想理想，有利就想"。江泽民总书记在中纪委八次会议讲话中，曾三次引用毛泽东同志的话，告诫各级领导干部要经受住"糖衣炮弹"的考验，我们一定要自省自警，不忘艰苦奋斗，不断加强党性锻炼，增强免疫能力，严于律己，防微杜渐，自觉抵制各种不正之风和腐败现象的侵蚀，并与之进行坚决的斗争，为群众做出表率。

其五，有效工作。就是坚持解放思想，实事求是，一切从实际出发，善于开拓进取，扎实有效地工作。干部特别是领导干部必须要有强烈的实干意识，树立好自己的形象。如果一个领导干部在一个单位摆出一副天桥把式的姿态，只是"说话的巨人，行动的矮子"职工群众是不买账的，是不会受欢迎的。"空谈误国，实业兴邦"，历史就是这样写的。要讲实话，办实事，求实效，扎扎实实地有效工作，才能得到群众的拥护，领导干部在群众中的形象才会高大。

在这里我要强调的就是必须在强化思想政治建设当中，把增进团结作为各级领导班子考核、整顿和建设的硬任务来抓。团结二字既平凡又伟大，说它平凡是说它无处不在，无处不有；说它伟大是说它十分重要，团结的甜头和不团结的苦头经常教育我们一定要把团结突出出来，强化起来。我们许多领导班子调整以后，有一个"磨合期"。磨合首要的是思想上的磨合，这就要讲团结、讲原则、讲大局，在合作共事上下功夫，特别强调领导班子成员之间要互相体谅、互相支持、互相补充、共同提高，党政之间、正副职之间、副职与副职之间，特别是新老领导干部之间

第七要义：领导文明成在领导班子文明

要经常开展谈心活动，互相沟通和交流各自的学习、思想等方面的情况，互相支持，统一思想认识，密切团结协作，大事讲原则，小事讲谅解，真正做到"八不"：即，"互相支持不争权、互相信任不怀疑、互相尊重不刁难、互相理解不赌气、互相关心不冷漠、互相补台不拆台、互相配合不推诿、互相通气不闭塞"。要坚持民主集中制的原则，勇于开展批评与自我批评，把领导班子建设成为团结的、坚强的、奋进的、带领中建企业快速发展的战斗集体。

第四，大力强化教育培训工作，全面提高职工队伍的业务素质。

"高素质"的干部队伍建设，在全力提高思想政治素质的同时，必须全力提高业务素质。为了搞好业务素质的建设，中央已印发了《1996~2000年全国干部教育培训规划》。根据中央的要求，总公司制定了《中建总公司1996~2000年企业管理人员培训工作的实施意见》，已印发各单位。

干部教育培训工作，要以马列主义、毛泽东思想和邓小平建设有中国特色社会主义理论为指导，以培养数量众多、政治业务素质高、熟悉社会主义市场经济的现代化管理人员为目标，造就一支政治上强、业务上新、善经营、会管理、懂技术的庞大管理者队伍，以加速实现总公司"九五"期间的人才战略。干部教育培训要遵循理论联系实际、分级分类培训、脱产学习理论和平时工作相结合的原则，提高干部的领导水平和解决现实问题的能力。要突出培训重点，抓好领导干部、后备干部、专业技术人员的各种适应性和功能性培训，中建总公司重点抓好总公司机关处以上干部和直属单位领导班子成员的培训，各单位应按照总公司的要求，积极输送参加培训人员，要坚持克服越是需要学习的人越是抽不出的现象，保证培训的质量。

第五，大力强化企业党建工作，充分发挥各级党组织在建设

一支高素质干部队伍当中的政治保证作用。

　　1996年底,中央召开了全国国有企业党的建设工作会议,强调了坚持党对企业的政治领导,就充分发挥党组织的政治核心作用的问题进行了深入地研讨,最近中央又发出了《关于进一步加强和改进国有企业党的建设工作的通知》,对企业党组织建设的目标、方针、原则、领导体制都有了十分明确的规定,各单位都要认真学习好、领会好、贯彻好。我这里主要讲在建设一支高素质干部队伍上,各级党组织负有重要责任。党组织尤其要在保证监督上多做工作,多下功夫。各级党组织要按照江泽民同志的要求,严格要求、严格管理、严格监督。坚持党要管党,首先管住领导班子成员和领导干部;坚持从严治党,首先治理好领导班子和领导干部,切实加强对干部的教育、管理和监督。严格对各级干部的日常要求和教育,各级干部要以身作则,一级带一级,一级抓一级,从上到下都严格起来,并坚持不懈。严格,就能做到防微杜渐,不断增强干部的自我约束意识和解决自身问题的能力。我们要根据中央精神,建立强有力的制约和监督机制,做到三要:一要进一步加强党内监督。坚持党组织的政治核心作用,紧紧围绕生产经营这一中心,参与企业重大问题的决策,确保企业全面正确地贯彻执行党的路线方针政策,保证领导班子成员正确运用权力;二要进一步加强领导班子内部的监督作用。认真执行领导班子双重民主生活会、领导干部报告个人重大事项、领导干部廉政档案、领导干部收入申报、领导干部收受礼品登记等各项规章制度,认真开展批评与自我批评,树立正气,及时纠正各种不正确的思想行为;三要进一步加强职工民主监督。要把招待费定期向职代会报告制度建立好,这是强化民主监督的重要内容,民主评议领导干部等工作要结合企业实际,认真研究,抓好落实,一定要增强领导干部的民主意识和廉政、勤政意识,以维护企业和广大职工的利益。各级领导干部要不断增强党性锻炼,

第七要义：领导文明成在领导班子文明

自觉接受组织的严格要求、严格管理、严格监督，在任何环境下，都要正确处理国家、集体、个人三者之间利益关系，正确运用手中的权力、严于律己，做到自重、自省、自警、自律，坚持以党章和准则来规范自己的言行，自觉抵制各种不正之风和腐败现象的侵蚀，模范遵守中央和总公司关于廉洁自律和政治纪律的规定和要求，为职工群众做出表率。

组织和干部部门作为管理干部的职能部门，不仅负有培养、教育和选拔使用干部的职能，而且担负着对干部选拔使用工作的监督管理使用，我们要继续加强干部监督管理工作，重点搞好对领导干部选拔任用工作的监督、选择、任用干部要坚持党管干部的原则，严格按规定程序办事，把好选拔任用关，防止出现不正之风。加强领导班子建设，建设高素质的干部队伍，组织干部部门肩负着重要职责，任务更加繁重和艰巨，我们要继续努力，奋发进取，把干部监督管理工作提高到一个新的水平。

第八要义：领导文明兴在领导成员文明

领导班子中的每一位成员如何坚持文明的领导，提高领导能力和水平？加强个人修养十分重要。现代管理科学研究表明，领导力有三种，第一种是权力领导力，这是一种法定的职位权力，担任了某种职务，便有了这个职务相应的法定权力。第二种是利益领导力，就是用物质利益作为导向来增进领导力。第三种是人格领导力，就是靠人格魅力来增强领导能力和提高领导水平。

权力领导力具有基础性，利益领导力具有手段性，而人格领导力则具有灵魂性。如果只停留在权力领导力、利益领导力的层面，还只是管理企业而不是在领导企业。很多事实表明，如果把领导力仅仅定位在权力和利益层面上，往往会产生重权、重利、甚至争权夺利的现象，就会削弱领导班子的合力。因此一定要超越这个层面，坚持权为民所用，利为民所谋，把真理的力量和人格的力量统一起来，大力加强领导班子人格领导力的建设。在班子成员的个人修炼方面前面已讲到六个方面的修炼内容，这里要提出的是在人格领导力建设中要坚决反对"十种人"。一是不思进取、得过且过，不认真学习理论，不用心吸取新知识，不深入思考新问题，思想上固步自封、停滞不前，工作上敷衍了事、庸碌无为；二是作风浮夸、工作不实，以会议落实会议，以文件落实文件，满足于一般的号召，抓工作浮光掠影，搞调研蜻蜓点水，身子沉不下去，对实际情况不甚了了；三是好大喜功、急功近利，不按客观规律办事，不顾现实条件，提不切实际的高指标，搞起违背科学的瞎指挥，导致决策失误，造成严重浪费；四是随心所欲、自搞一套，不认真贯彻执行中央的方针政策和工作部署，甚至搞"上有政策，下有对策"，不仅损害国家的全局利益，而且侵犯群众的切身利益；五是心态浮躁、追名逐利，一事当先，总是算计个人得失，习惯于做表面文章，热衷于搞"形象工程"、"政绩工程"，脱离实际，劳民伤财；六是弄虚作假、欺上瞒下，报喜不报忧，掩盖矛盾和问题，蒙蔽群众，欺骗上级；七是明哲保身、患得患失，在原则问题上采取事不关己、高高挂起的态度，奉行"你好、我好、大家好"的处世哲学，不开展批评，不让人批评，甚至压制批评；八是贪图享受、奢侈浪费，追求低级趣味，热衷于个人享乐，大吃大喝，大手大脚，铺张浪费；九是以权谋私、与民争利，干工作不是先考虑群众利益，而是先考虑小团体、本部门、本单位的利益，乱收费、乱集资、乱摊派，侵害群众利益，甚至中饱私囊。十是高高在上、脱离群众，对群众的安危冷暖漠不关心，工作方法简单粗暴，甚至肆意欺压群众。

选读文章之一：

少有权欲，多谋思想

自己在领导工作岗位工作多年，回想一下所走过的道路深感不在加强思想政治建设中，加强自身的修养，是做不好主要领导工作的。在许多感受之中，最值得自己总结和学习的感受则是

"少有权欲，多谋思想"。当然不是与XX主义相并行的思想和理论，而是一种业务思想。有人夸我是专家学者型领导，我不谦逊的说是有点道理的。权力是做领导工作的基本条件，珍视权力多做工作，也是基本的要求。但却不可权欲过大，要知道权力必将匆匆过去，常常会因失去职权而留下失落和遗憾；而业务思想既会引发不断的反思，又会面向现实和未来，不断的丰富、不断的发展，留下的是继续探索的兴趣，而不是失落和遗憾，从中感受到对事业、对自我价值的满足感。大家知道我15年前的1986年就提出了项目法施工的概念，提出了项目生产力理论，创造了新型生产方式和经营管理模式，看到今天项目经理部在大江南北普遍开花，不但心情感觉好，而且成就感也很丰满。

我认为，我们虽然是经济组织的领导者，但更是党员领导干部，自觉同党中央保持一致，深入学习理解中央精神，积极结合实际认真贯彻中央精神，不能不顾中央精神，不能自行其是，更不能违背。必须做到"下级服从上级、个人服从组织、少数服从多数、全党服从中央"，这既是组织纪律，更是政治纪律。

我们是企业的领导者，实施有效的领导必须依靠党组织、行政组织，包括法人治理结构和群工组织来展开。组织机构的运行是有载体、有领导、有制度、有程序的，都必须自觉的在组织制度中进行工作，不能超脱，不能摆脱，这同样是党的组织纪律的要求。

我们是与职工群众根本利益、具体利益相一致的国有企业经营管理者，坚持以人为本要认同职工是主人，依靠员工的积极性和创造性来推进工作。因此，坚持群众观点、增进群众观念，相信和引领群众的积极性和创造性，是做好任何工作的基本力量。领导工作就是领导群众，群众不理解不在群众，而在领导，是领导能力的体现。

第八要义：领导文明兴在领导成员文明

选读文章之二：

学习要寻根

在多年来学习马列主义、毛泽东思想、邓小平理论和"三个代表"重要思想的过程中我体会到，只要抓住了几个始终不会改变的基本命题，就能深刻理解"三个代表"重要思想的精髓、核心、本质、主题等科学内涵和精神实质，并能以此支撑起应牢牢把握的实践之线。我以"五个十分清楚"来理解和认识这几个不变的基本命题。一是要十分清楚我国的基本国情，即我国将长期处于社会主义初级阶段，江泽民同志讲到，"我们讲一切从实际出发，最大的实际就是中国现在处于并将长期处于社会主义初级阶段"，"就是不发达的阶段"。二是要十分清楚我国社会在社会主义初级阶段的主要矛盾，是人民群众日益增长的物质文化需求同落后的社会生产之间的矛盾。无论国内外政治风云变化如何，或一时发展、局部繁荣，对这个主要矛盾的认识都不能转移。三是要十分清楚我们党针对这一主要矛盾所制定的"一个中心，两个基本点"的基本路线不会变。（即以经济建设为中心，坚持四项基本原则，坚持改革开放。）江泽民同志说，"在这个最基本的问题上，我要十分明确地讲两句话：一句是坚定不移，毫不动摇；一句是全面执行，一以贯之"。四是要十分清楚，在党的基本路线指引下，要把党的最高纲领和最低纲领统一起来，形成现阶段政治、经济和文化的基本纲领，尤其要理解"公有制为主体、多种所有制经济共同发展，是我国社会主义初级阶段必须长期坚持的一项基本经济制度。五是要十分清楚生产力标准是基本判断标准。江泽民同志讲："判断各方面工作的是非得失，归根到底，要以是否有利于发展社会主义社会的生产力，是否有利于增强社会主义国家的综合国力，是否有利于提高人民的生活水平为标准"。这"五个十分清楚"，从基本国情到主要矛盾，从主要矛盾到基本路线，再到基本纲领和基本标准的几个基本命题集中告诉我们，"三个代表"重要思想是扎根于社会主义初级阶段的，是解决主要矛盾的，是坚持基本路线、基本纲领的，更是推进生产力发展的。把握这几个基本命题，就会牢牢把握"三个代表"重要思想的主题，坚持"发展是硬道理"，"是第一要务"，坚持用发展的眼光、发展的思路、发展的办法解决前进中的问题。

选读文章之三：

老话新说
——关于民主集中体制

我从这些年领导工作实践中感悟到，党政主要领导同志对民主集中制建设的认识和水平，在某种程度上代表和反映了领导班子的总体水平。换句话说，加强民主集中制建设，党政主要领导同志是关键。这些年尤其是近两年来，我基本上是按照"摆正位置、履行职责、加强协调"这三句话来做的。

摆正位置——就是要明确自己的岗位和工作定位，在努力做好党组书记工作当中，一定要支持总经理的工作，在推进改革、加快发展、强化管理、确保稳定，共同为做强做大中国建筑的努力当中以"五多"为自己的准则，即：多适应、多支持、多配合、多维护、多理解。

所谓多适应，大家都知道我从事国有建筑企业改革的工作多年，形成了一套对国内国有企业的改革思路。在总公司推进商业化加快市场经济运行的情况下，就必须调整已有的，适应新启动的。我曾经讲过，对我来说最大的挑战是必须放弃已形成的工作思路和习惯了的工作方法，要去适应新的思路和新的运行方式。

所谓多支持，就是多支持尽快把香港中海集团的成功转变为中建总公司企业改革的成功。

所谓多配合，就是班子成员的工作经历、工作环境不大相同，在一个班子里工作一定要相互配合，多点补台，我主要是在党的建设、班子建设和思想政治工作上来发挥作用。

所谓多维护，一段时间由于改革幅度大，一些"跟不上"的问题显露出来，对一些进进退退的重组工作，要讲完善讲调整，不去否定，以维护总体的改革态势。

所谓多理解，就是多理解、谅解别人，希望别人理解、谅解自己，自己首先要学会理解、谅解别人。我曾经讲过一个经历20多年香港工作的同志，在调到北京短时间的工作中，多讲了一些香港话，少了一些北京话，完全是可以理解、谅解的。也就是要多做一些化解性的工作。

履行职责——就是要认真履行好党组书记的职责，注意向党组其他成员学习，取人之长，补己之短。我在回顾工作感受时，谈了这样两句话，叫作"三心合磨，贵在同行"。合磨是对磨合的倒置。我曾在学习江泽民同志"七一"讲话时谈到"磨合"与"合磨"的问题。后来形成了"三心合磨，贵在同行"这样八个字，即真心合磨（真心真意）、潜心合磨（理性分析）和平心合磨（调整心态），共同为企业的改革发展和稳定作出自己的努力。

尤其是在新班子运行初期，我深知会在思想观念、领导方式和工作方法等方面遇到新情况和新问题，但不能"磨"在前头，而要"合"在前头。以合带磨，贵在同行。合是大局，是党性的要求，磨是责任，是党组书记的职责，同行是纪律，是党的组织纪律、政治纪律。因此，通过思想沟通，我感到在很多方面和其他党组成员之间增进了了解。在履行职责、磨合事项当中，我只注重事关大局的事项并非事事去磨，并注重了对有关事项的潜心研究和理性思考。一段时间对个人说了算的问题有些议论，我经过一番考虑，写出了一篇议论文章，题目是"关于个人说了算与有一个人说了算"，并讲述了这个观点。其文的主要观点是说，一个单位要有一个人说了算，只要是按照民主集中制的程序进行的集中决策，这就不是所要反对的个人说了算，而是履行职责的有一个人说了算。如果不按民主集中制的程序办，那就是应反对的个人说了算。我同时讲到，关于一把手问题有两种，一是有以组织为载体的一把手，如工会委员会工会主席是一把手，党委会党委书记是一把手；二是以法律形式明确的一把手，这就是法定代表人。在依法治企的过程中，组织形式的一把手一定要服从服务法定形式的一把手。这样的理性思考不仅强调了民主集中制的贯彻，又支持了总经理敢于负责的工作。

加强协调——我感到，沟通问题并非是目的，而是为了行动的同步。协调要有耐心，要兼顾各方面，要有主导意见，这样才能达到同步。

选读文章之四：

"结合"的启示

在"三个代表"重要思想的再次学习中，进一步理解了在世情、国情和党情不断变化的形势下，所必须坚持的解放思想、实事求是、与时俱进这个精髓。报告人在讲到与时俱进时，讲到了创新是必然要求，同时提出了"结合"是与时俱进的必然途径，这给了我以新的启示。在以往的学习中，我已在"马克思主义基

第八要义：领导文明兴在领导成员文明

本原理只有同中国革命实际相结合"的论断中感悟到了"结合"二字的含金量。尤其是1985年我第一次在中央党校学习《资本论》时，是"直接结合"四个字打开了我理解马克思主义生产力理论的"天窗"（马克思讲到，凡要进行社会生产就必须实现劳动者和生产资料的直接结合，劳动者和生产资料在彼此分离的情况下，只能是可能性上的生产要素……）。今天在学习理解与时俱进的理论品质时，再次领悟"结合"问题很感深切。实际上，无论是理论和实践，也无论是宏观还是微观，"结合"问题始终在理论、实践、宏观、微观事物的演进过程中发挥着桥梁作用、纽带作用、融合作用，从而发挥着解放思想、实事求是、与时俱进这一精髓的创新作用。

首先，"结合"是基本经验。胡锦涛总书记指出，要从马克思主义基本原理同中国具体实际相结合的历史发展中深刻认识学习贯彻"三个代表"重要思想的重大意义。马克思主义基本原理同中国具体实际相结合，实质上就是实现马克思主义的理论化、具体化、时代化，使之具有中国特点、中国特征、中国风格和中国气派。毛泽东同志把这种"结合"称为党领导革命必须解决的"第一个重要问题"。邓小平同志把这种"结合"称为"吃了苦头总结出来的经验"。江泽民同志把这种"结合"称为我们党多年来最基本的经验。

其次，"结合"是辩证思维。在当前的社会发展中，多项事物相互交叉，就是一项事物也是前后相融，你中有我，我中有你，事物的多元化成为发展趋势。所以必须坚持辩证唯物主义的认识论，思维方式不能僵化，不能绝对化，不能片面化，也不能简单化，一定要从"凡是论"转变为"求是论"，从"非此即彼"转变为"亦此亦彼"的思维方式，坚持一分为二分析问题，寻求"一分为三"（三即为结合之路）解决问题。

再次，"结合"是途径和方法。正如《三个代表重要思想学习纲要》所要求的"各级领导干部要紧密结合国内外形势的发展变化,紧密结合生产力发展和经济体制的深刻变革,紧密结合人民群众对提高物质文化生活的要求,紧密结合党员干部队伍的重大变化……坚持从实际出发,把中央的方针政策同本地区本部门的实际结合起来,把需要和可能结合起来,把开拓进取和求真务实结合起来,把工作热情和科学态度结合起来,创造性地开展工作,使各项工作更切合实际更富有成效。"

总之,"结合"作为经验、思维、途径和方法,是对过去成功的继承,是对实践新经验的吸取,因此是与时俱进的思想创新、理论创新和实践创新。可见,结合问题十分重要。然而如何"结合好"是很不容易的。因此在我们基层各项工作中如何积极思考结合、努力寻求"实际结合点",就成为组织好、推动好、实践好三个代表重要思想的最为实际的课题。国有企业在计划经济时期形成的管理思想、管理方式一定要向社会主义市场经济的方向发展。在这个进程中就有一个如何结合国有企业转轨变型的实际情况推进各项改革工作的问题。某一项工作的改革一定要瞻前顾后,解决好前后结合问题。多项工作一定要相互适应,解决好协调联动问题。例如,坚持党管干部原则,并同市场化选聘企业经营管理者的机制相结合的问题,实际是党管人才如何适应市场化的问题。毫无疑问这项工作结合的思路就是由过去的人事管理转变为人才资源开发式的管理。改变过去按"行政级别"进行人事管理的"官本位"方式,在企业人员取消行政级别、能进能出、能上能下方面迈出了重要一步。在人力资源管理的动力机制、培养机制和选拔机制上进行了取向市场化的初步探索。在动力机制上努力处理好正向激励和负向激励的结合问题,近两年我们在职能部门中普遍引入了"公开招聘、竞争上岗、年终考核、末位淘汰"的民营、外资企业所采取的办法。这种办法是请进压力、增进动力、赶走惰性、提高效率,发挥了负向激励的积极作用。但在"末位淘汰"上对国企来说还有难度。为此,我们改了一个字,即把"末位淘汰"改为"末挡淘汰",这就比较符合当前国企的实际,也就找到了一种实际可操作的结合点。在培养机制上努力处理了"蹲苗和助苗"的结合问题。培养机制关键是对能力的培养,引用东北农业谚语"蹲苗"来表述这个问题,是为了抑制人员浮躁、工作不实,搞不好还容易在年轻化中拔苗助长。蹲得住,才能蹲出实际本领和思想品质,组织上对那些蹲得住的人员就要去助苗成长,以此培养一批靠得住、肯干事、干成事的人才队伍。选拔机制上努力解决好"赛马"与"相马"的结合问题。无论在哪一个单位都存在着1.2的人员、1.0的人员和0.5的人员。1.2的是能够创造性完成各项工作任务的帅才;1.0的则是执行型的实干人才;而0.5的即为大事做不来,小事又不做,不务事实,投机钻营,打击他人,抬高自己等等,这类虽是少数,但却是一个团队的消极力量。如何提升1.2的,提高1.0的,鞭策0.5的,就是坚持赛马为先,以业绩论英雄。不赛马就相马,搞不好还容易使0.5的钻空子,选用一个错人,会带来一批消极力量。因此,一定对赛马过程中产生的1.2人员要通过组织的考核程序选拔到相应的岗位上来。还有发挥党组织政治核心作用与法人治理结构相结合的问题;国有资本与多元资本的结合问题;企业改革深度、发展速度、员工承受程度结合问题等等,都是迫切需要探求实现途径和方式方法的。

选读文章之五:

"一分为二"与"一分为三"

从辩证法的角度讲,分析问题要"一分为二",这无疑是正确的。但是从社会实践的角度讲，处理问题必须"一分为三"。

可能有人会说，"一分为二"的观点是毛主席提出来的呀，我们讲了多少年了。是的，没错。现在我仍然认为，用"一分为二"的观点认识问题是正确的，我说的"一分为三"是处理问题的方法。

毛主席讲对立统一，要我说，对立是"二"，统一就找"三"。实践中，找不到三就解决不了实际问题。毛主席本人在这方面就有很多事例。

比如，毛主席说，"不是东风压倒西风，就是西风压倒东风"。实践证明，谁也压不倒谁，最后毛主席用"三个世界"的理论把整个世界的格局概括出来了，破掉了他自己提出的"不是东风压倒西风，就是西风压倒东风"的理论。一直到现在，世界各国领导人都认可毛主席的这个观点，还是"三个世界"理论能解决问题。

再往前推到建国之初，当时按毛主席在《湖南农民运动考察报告》中想出的"中农"标准，给农民划成分的时候，先是只讲中农，后来划定不下去，最后分成上中农、中农、下中农，把这个问题解决了。从他老人家的实践来看，用"三"解决问题的例子很多。

思想政治工作一定要避免片面性和绝对化。在我党的历史上，片面性和绝对化害了很多人，给党的事业造成很大损失。现在我们按照"一分为三"这个思路去处理问题，就能防止片面性和绝对化，大致上能处理得比较合乎实际。

我们必须看到，先进当中有落后的东西，落后的人物也有先进的一面。因此先进不是绝对的先进，落后也不是绝对的落后，两者兼而有之，无非是先进成分的比重达到的程度不同，才把人群分成了上、中、下。

第八要义：领导文明兴在领导成员文明

选读文章之六：

"亦此亦彼"与"非此即彼"

世上的事情是复杂的，人的思想更为复杂。从事思想政治工作的人，不能用简单的思维方式，去处理复杂的思想问题。有什么样的思维方式，就有什么样的思想方法。思想方法搞对头了，工作就容易做得好一点。因此，思维方式是做好思想政治工作的前提。我认为，思维方式应提倡"亦此亦彼"，不要搞"非此即彼"。

"非此即彼"，即：不是这个，就是那个。最有代表性的语言："凡是敌人反对的，我们就要拥护；凡是敌人拥护的，我们就要反对"。实践证明，这种简单的思维方式，在处理复杂的国际事务和社会问题时，是根本行不通的。过去，非此即彼的思想统帅了我们好多年，造成的危害也很大，把人的思想引入了理论的死胡同。

"亦此亦彼"，即：既是这个，也是那个。通俗点说，就是"你中有我，我中有你"。这种情况非常普遍。比如，企业所有制问题，过去是"小集体"向"大集体"过渡，再向"全民"过渡，必须是纯而又纯的所有制形式，搞了十几年，结果很不理想，后来就不再提倡了。现在的公有制企业，可以搞成"混合型"，可以加入民营成分，怎么有力怎么做。这种"混合型"所有制的出现，就是既有这个，也有那个，即上面所说的"亦此亦彼"。

再比如说"社会主义初级阶段"理论，里面也包含了许多亦此亦彼的东西。小平同志讲，计划里面有市场，市场里面有计划。也是这个道理。

如果用非此即彼的观点，解答不了现在的许多社会问题。前些年，在怎样认识深圳特区发展问题上，很多"左派"人物陷入困惑，认为深圳经济上去了，但红旗落地了。现在20年过去了，深圳到底怎么样？红旗不是照样在社会主义共和国的蓝天上飘扬么？作为一名思想政治工作者，尤其不能搞非此即彼。不然就会犯简单化、概念化的错误。这个思维方式是我提倡"一分为三"处理问题的思想之根源。当然，"亦此亦彼"的对待客观事物，究竟能派生出多少种新的状况来，那是会多种多样的，并不就是一个"三"能概括的。但一分为三的"三"也是多的意思，并不是绝对的"三个"。

选读文章之七：

"磨合"与"合磨"

走在大街上，经常会看到一些汽车的后面贴着两个大字：磨合。其意不外是说，此车是新的或者是刚经过大修的，运行情况未进入正常状态，希望大家注意随时可能发生的意外情况。

磨合，在汉语里就是经"磨"而"合"的意思。我在这里要说的"合磨"，不是故意玩文字游戏，而是有原因的。我赋予了它们新的内涵。

我们公司的孙文杰总经理是从香港回来的。他在香港工作了20年，把他所领导的公司搞得很有成就，是香港颇有影响的上市公司。2001年，中央把他调回北京出任中建总公司的总经理。我在中建总公司已经当了八九年的党组书记，曾经是他的领导。现在我们一起工作了，很多熟悉的人以及公司内部的人都非常关心我们能不能配合好。

香港的工作和生活环境与国内不同，思维习惯和工作方式也不一样，因此在很多问题上，我们都有个"磨合"的过程。有熟

第八要义：领导文明兴在领导成员文明

人见了，总是关切地问："你们磨合的怎么样了？"后来我在总公司机关的一次大会上对大家说："我们现在不是磨合的怎么样了，而是合磨的怎么样了。"

为什么叫"合磨"呢？我说，我们是先合后磨，明合暗磨，行动合，思想磨。我们想的是企业的发展，往商业化上发展，往市场经济上发展，大方向是一致的，所以叫"合"，如果方向不一致，我不能先与你合呀！我们共产党员的原则哪去了？

我们的最终目标是把中建总公司建设成国际化的大公司，但是这个目标不是一下就能实现的，要有一个漫长的过程，在这个过程中，要一段一段地走，一件事情一件事情地处理，这当中就难免会有意见不统一的地方，这就要"磨"了。

所以我说我们是"合"大道理，"磨"小道理。大量的工作是在小道理上。小道理是大道理成功的基础。新任总经理在香港工作20来年，受香港生活环境和文化氛围的影响，思维方式和语言习惯难免带有浓厚的香港色彩，而这些东西往往是与国内的政治环境不相协调的，甚至是格格不入的，在群众中一定会引起一些议论。在他上任三个月的时候，我与他进行了一次深入的交谈，也可以说是第一次"合磨"。我与他共同分析在国内当"头头"与在香港当老板的区别，提出了应该注意的一些问题和建议。我们谈得很好。后来我在多种场合对大家说：他20年香港，三个月北京，多说了点"香港话"是正常的，你们要理解这个差别。不可能三个月北京就把"北京话"都学到家了，把所有的文件都吃透了。

我一句"20年香港，三个月北京"把大家那些议论给解了。这是我们"合磨"的结果。后来我和总经理又深谈过几次，都"磨"得很好。

我想，在我们很多的工作岗位上，都应该用这种"合磨"的态度对待自己的合作者。

领导文明与建筑业

——对于机械,是"磨合",对于领导集体,是"合磨"。

选读文章之八:

好心不一定有好报

这里所说的"好心不一定有好报",是指工作方法不当,好心未必有好结果,不是说别的什么东西。

在实际工作中,常常有这种情况,做事情的出发点是好的,但是往往遭到群众的不理解,甚至反对,使得某一项很好的事情无法正常实施下去,甚至还会遭到反对。

这是为什么呢?好心人往往因为自己是好心,而忽视了从这个好的出发点到达那个好的目的这个过程,不讲究方式方法,也不管群众心理上能不能接受,大步流星,直奔主题。结果,群众感受到的不是你的好心,而是你简单的方法,不但没有感到温暖的好心,反而认为是对他们的"伤害"。你的语言、方式和工作方法,都没能被他们所接受。有时好心没好报,反而坏心能有一个"好"结果。这是因为坏心人为了达到他的不可告人的目的,往往乔装打扮,把自己包装得特别好,让你放心大胆地把你的钱往他的口袋里扔,然后在你毫无防备的情况下,卷起你的救命钱、血汗钱,逃之夭夭。我们经常可以在各种媒体上看到这样的消息:一些江湖骗子,用花言巧语骗得人们的信任,用各种方法大肆敛财,继尔卷款外逃。常常是他都逃的没影儿了,还有很多人不相信他会是这种不仁不义的人。

所以好心人光有好的目标和好的出发点还不够,工作方法一定要讲艺术,讲技巧。在推行你的那个好的东西的同时,一定要注意你的工作方法。在想法与做法之间,一定不能缺了思维的过程，这个思维过程就是怎么让对方接受你的好东西。有了这个东西，好心才能得到好报。所以我们要大声疾呼：注意方法，力求好心得好报。

选读文章之九：

提倡使用"1.2 的干部"

1994 年我从建设部刚调到中建总公司担任党组书记的时候，一个明显的感觉，在我面前拍马屁、搬弄是非的人多了起来：当着你的面吹捧你，贬低另外一个人。原来当处长当局长的时候，身边也有这种人，但是比较少。到了中建总公司，职务高了，下面管的人多了，拍马屁、搬弄是非的人明显多起来。

经过观察，我发现这种干部大多是大事做不来，小事又不做的人，水平不高，能力较差，如果把干部的水平用 ±1.0 来衡量，他们的水平只有 0.5。我想找个机会批评一下这种干部。

1996 年，中建总公司在大连召开工程局长会议，我在去大连的路上逐步完善了我的干部水平"分数理论"，并在会上抛了出来。我给干部分为三类：第一类是 1.2 干部，第二类是 0.8～1.0 干部，第三类是 0.5 干部。我在会上给这三类干部画了像：

1.2 的干部，政治性强，思维敏捷，业务能力强，吃透上级的思路，联系本岗位实际，创造性地完成本岗位工作，得到周围干部的支持和拥戴。这类干部人数不多，是帅才。

0.8～1.0 的干部，人品非常好，有一定的政治素质和业务素质，就是创新能力弱，你说东，我也不说西，你说鸭子，我也不说鸡，任劳任怨，兢兢业业，没有坏心眼儿，这类干部是干部队伍中的主体，是 1.2 干部的依靠力量。

0.5 的干部,能力差,人品差,钻营拍马屁,不干正经事。

在任何情况下,1.2 的干部是少数,0.5 的干部也是少数,两头小,中间大。

但是有时在一个人身上,既有 1.2 的成份,也有 1.0 的成份,也是 0.5 的成份。

当时我刚来中建总公司一年多,很多人不了解我。我的这次讲话,把很多人"镇"住了。后来我又在中建系统别的会议上多次讲这个观点,把 0.5 的干部"敲"了又"敲",他们知道领导脑袋里对这些问题看得很清楚,在我面前吹捧我贬低别人,他就得考虑考虑,刹了刹 0.5 干部那些不良的风气。

中国有句俗话叫"看人下菜碟",意思是你喜欢什么他给你上什么。如果一个领导干部喜欢别人吹吹拍拍,这个单位的 0.5 的干部一定会多起来,单位的风气一定很糟,工作也别想搞好。如果想把工作搞好,就要大力提倡使用 1.2 的干部。要做到这一点,首先主要领导干部要头脑清醒,不能利令智昏,听到几句吹捧话就飘飘然。所谓"上梁不正下梁歪",就是这个道理。

选读文章之十:

企业思想工作也是生产力

长期以来,很多人把思想政治工作看成是一件很"虚"的东西,我则认为,思想政治工作不但很实,而且还是生产力的一个重要组成部分。

早期的马克思主义生产力理论,强调了三大生产要素:劳动者、生产机具和劳动对象。后来邓小平同志又强调"科技进步是第一生产力"。但科技进步是渗透性的,渗透到生产机具里面,

第八要义：领导文明兴在领导成员文明

把生产机具用新的科技手段改革了，使之发挥更大的作用；渗透到劳动对象里面去，把劳动对象改革创新了，使之发挥更大的功能。因此，科技进步不是独立的东西，只有渗透到生产机具和劳动对象里面去，这个生产力的要素才会发挥作用。

劳动者、生产机具和劳动对象三者是结合在一起的，不结合就不能形成生产力。劳动者用生产机具改造劳动对象，在这个过程中产生了新的生产力，变革了劳动对象的功能。光有科技进步渗透进去还不行，还得有一个东西把它们三者有机地连接起来，这个东西是什么呢？是管理要素。管理是运筹型的生产力要素。科技进步渗透到生产机具和劳动对象里面去，然后再由运筹把它们集合管理起来，在有效的空间里面实现最好的优化组合，产生新的生产力。

劳动者、生产机具、劳动对象，再加上科技进步和运筹管理，就形成了五大要素。但是这里面明显缺个东西，谁渗透劳动者？只有渗透了劳动者，这个劳动者才能作用于生产机具的变革，才能运用科技进步的要素渗透到生产机具里面去。我认为，渗透劳动者的有多种，如文化知识和思想等，是十分重要的思想渗透。从这个角度分析，企业的思想政治工作，应该作为生产力的要素看待，至少和科技进步的渗透性生产要素是同一个性质。但是为了使两者有所区别，可以将思想政治工作称为渗透劳动者的"统帅性生产要素"。因此，依我看，生产力理论里面有六大要素：劳动者、生产机具、劳动对象、科技进步、管理运筹和思想政治工作。

有人讲，资金也是生产力要素，信息也是生产力要素。不对，那叫生产条件。他混淆了生产力的基本理论。要素和条件是分开的，不能把资金和信息也混淆为要素。

思想政治工作是统帅性生产要素，从某种程度上说，它所发挥的作用是巨大的，只不过在不同的社会制度里面，思想政治工作是以不同的形式出现罢了。

选读文章之十一：

思想政治工作要进入企业中心

企业的思想政治工作到底应该怎么做？这是多年来一直困扰企业政治工作者的一个大问题。

多少来年，人们一直在讲，企业思想政治工作要"围绕中心"，"贴近中心"，还有讲"紧贴中心"的。我认为，围绕也好，紧贴也好，这些提法都"欠妥"，应该是"进入中心"。

为什么叫进入中心？企业的中心工作是一个企业的统领性工作，就是以经营为中心，如果思想政治工作只是"围绕"和"贴近"这个中心，就会形成经营工作和思想政治工作"两张皮"，融不成一体。不成一体的事情难免要互相干扰。

有的企业政工干部自己也认为自己干的不是中心工作，人为地把思想政治工作与经营工作割裂开来。这是一种脱离中心的思维。思想工作者不研究"进入"，只研究"围绕"和"紧贴"，出发点就矮了一截。你为什么不认为自己干的也是中心工作呢？

好多企业的政工干部在总结工作或汇报工作时，常常把今年办了几个学习班，有几篇文章上了国家级大报和杂志以及出了多少期黑板报作为衡量自己思想政治工作的成绩。我认为，衡量企业思想政治工作的标准，如果脱离了经营这个中心，毫无意义。如果你那学习班干扰我的中心工作，那学习班有什么用？你办得级别越高，越影响我的经营。不能脱离中心工作办这些事情。所以思想政治工作要进入中心。"围绕"中心，就是自己把自己放在外圈儿，没放到中心里面去；"紧贴"中心贴得再紧，也是

"两张皮"。"贴"的本身就是两张皮的观点、两张皮的方法。所以你总找不到自己的位置,总觉得自己不在企业的中心工作当中,不被重视,感到自己低人一等,很悲观,找不到乐趣。

一个企业的经营发展、经营成效,无疑反映着思想政治工作的成绩。也许你的那句话起作用了,不是你的学习班起作用了。不能孤立地看思想政治工作。很多人在汇报自己的思想政治工作成绩时,往往对那些远离中心的事情津津乐道,根本就没想到思想政治工作怎么进入中心的问题。

认识到这个问题还不行,还有个会不会进、能不能进的问题。首先你得有那个水平,其次是要讲究方法。有时是叫你进,你不会进;有时是你想进,人家还不让你进。只有你的思想政治工作的水平提高了,才会促进中心工作,否则只能影响中心工作。只有在你能够促进中心工作的时候,你才能顺利进入中心,并被欢迎进入。所以,提高思想政治工作水平是每个政工干部的首要任务。

需要特别说明的是,我这里讲的是企业的思想政治工作问题,与其他行业,特别是执政党从宏观角度对思想政治工作的要求有所不同。企业的思想政治工作如果不进入中心,至少不利于这个企业的中心工作。

选读文章之十二:

思想工作要少讲"做",多讲"入"

在生活中经常可以听到这样的对话:"某某的思想工作做得怎么样了?""哦,这个人固执得很,做了半天工作,怎么也做不通。"思想工作做不通的原因有很多,其中一个很重要的原因常常被大家忽视,就是那个"做"字。这个"做"字充满了主观色彩,有一种居高临下、强加于人的味道,从心理学角度来看,把主体和客体放在了不平等的位置上,很容易给对方造成心理上的反感和抵触情绪:你给我做思想工作,你的水平不见得比我高多少!谁不了解谁呀!

我认为,思想工作不应居高临下地去"做",而是要"入",应是平等地对话、沟通、引导。这个沟通、引导的过程,实际上是个感情交流的过程。只有入情、入理地平等对话,才能彼此心理沟通,继而引导对方走出认识的误区,纠正思想的偏差,最终达到理想的效果。

我从多年的思想工作实践中体会到,引导思想、规范行为才是上策,要比规范思想更可行,更有效。

在过去很长一段时间里,我们习惯于将人的思想"规范化",要求人们把思想统一到一个规定的范围中去。宣传先进人物,也要把他们的思想纳入一个事先设定的框框里。比如,一个小孩掉进冰冷的水里,一个过路青年看见了,奋不顾身跳入水中,将小孩救了上来。这种英雄行为应该宣传,英雄精神值得弘扬。但是新闻媒体在宣传英雄青年的时候,往往为了达到所谓的"思想高度",就要给青年的境界"拔拔高":当时他看到小孩掉进水里,他的脑海里,马上想起雷锋、王杰、欧阳海……

这种"思想活动"显然是虚假的。如果在那种紧急的时刻,他还会有那么多的"思考",那么这个人的大脑一定不正常。如果他想了半天才跳下水,那个小孩可能早就淹死了。凡是一个行动想得太多的人,那个行动他做不出来。他想了雷锋、王杰、欧阳海,他想没想老婆、孩子、年迈的父母?想没想他不会游泳他可能会被淹死冻死?想没想他死了以后他正在搞的设计谁来完成?想没想如果他死了,而这个小孩如果学习不好将来当不上工程师,还不如他对社会的贡献大,这种死值不值得?

第八要义：领导文明兴在领导成员文明

许多年以前，解放军第四军医大学的学生张华跳进粪池抢救一个老农民光荣牺牲，曾经引起一场"大学生救老农值不值得"的讨论，最后好象是不了了之。我认为这种讨论没什么意义。张华在跳进粪池的瞬间，他肯定没想那么多。想多了他肯定跳不下去。他只想把那个人救上来，才不会想他是不是老农，就是地主他也会救他的。

实际生活中有许多见死不救的人，那些人应该被社会鄙视。但是社会上也有许多见义勇为的人，不但中国有，外国也有。如果中国的英雄都是学了雷锋、王杰、欧阳海才"英雄"起来的，那么美国的英雄又是学了谁？其实答案很简单，人之初，性本善，人的本性是善良的，爱惜生命，同情弱者是一种与生俱来的天性。我们不否认英雄主义精神的教育会对人的思想产生潜移默化的作用，但是决不能把这种作用"提升"到形而上学的程度。

我在报纸上看到这样一个例子：一个连队参加战备施工，每个战士负责挖深沟两米。突然一个战士的家里来了电报，说是母亲病危，希望他能回去看看。战士对班长说：个人的事再大也是小事，集体的事再小也是大事。战士强忍着思念母亲的悲痛（母亲后来去世了），完成了挖沟的任务。这件事乍一看挺感动人，细一想就觉得有些不尽人情。不就是挖沟嘛，又不是在战场上挖战壕。确实是个小事。而战士母亲病危、去世，对战士来说确实是大事。"个人的事再大也是小事，集体的事再小也是大事"这句话不知是战士自己说的，还是写报道的人加上去的。如果是战士自己说的，他也是"言不由衷"（在一个战士的心中，那两米深沟会比母亲的死还重要？），如果是记者"强加"给他的（这种现象在我们的新闻报道中比比皆是），那是他的"牵强附会"。

用"个人的事再大也是小事，集体的事再小也是大事"这句冠冕堂皇的话来表现战士的"思想境界"，是我们思想政治工作的悲哀。把典型人物的思想说得越高越好，这是长期以来思想工作战线的误区，显得思想工作不入情，没有人情味，很乏味。

要我说，这件事应该这么处理：班长主动为战士向连长请假，让战士回去看看，他负责的那两米深沟，大家帮他挖。如果每人再拿点钱，帮他买点路上吃的东西，就更圆满了。这是人之常情，战士会很受感动，回来以后会更加努力工作。

我曾经征询一些人的意见，这两种处理方法，哪个更好，大家都说，后一种方法更好些。

我在中建系统的一些会议上多次讲，树典型要实事求是，不要拔高，不要把"思想过程"搞的"五花八门"。文化大革命时期，人的思想比较单纯，可能对这种"规范化"宣传将信将疑。现在人的思想这么复杂，绝对不接受那些虚假的东西。母亲死了怎么会比挖土方的事还小？大家不相信的东西，你越讲越让人烦，思想工作就乏力了。

平等地进行对话、沟通思想、交流感情，就会达到入情、入理、入实（讲实话）的效果。情感会加速道理的渗透，并形成共识，促使大家讲实话，否则，肯定假话连篇，不可能解决思想问题。

行为可以规范，思想只能引导。违反了这个规律，思想工作者将会到处碰壁。

选读文章之十三：

观念与行为

W局一位副局长是个光头，很多年以前就开始秃顶，比葛优的头发还少。1997年，该局领导班子调整，这位光头局长担任了党委书记。我去W局宣布总公司对新一届班子调整的决

第八要义：领导文明兴在领导成员文明

定，接着召集领导班子会。正式开会之前，我对他说："咱俩年纪差不多，你可显得比我还大。当党委书记了，你青春青春，买个发套戴上，也使你们W局的精神振一振。"参加班子会的同志也都随声附和，建议他买个发套戴上，他显得有些难为情。我说："你什么时候把发套戴上，我什么时候来W局。"我的用心很清楚，就是给他造造舆论，扫除心理障碍。这一招我在S局用过，效果很好。S局党委书记的爱人去世了，丢下两个年纪不大的孩子，他当爹又当妈，既要忙单位的工作，还要忙家务，给孩子做饭，精力顾不过来。他非常需要再找个老伴帮助料理家务。但是他爱人刚去世一年，马上找怕人说闲话。我了解到这个情况，就在局领导班子开会的时候，当着大家的面对他说："书记你要马上解决这个问题，不然我就不到你S局了。我对你就这么一条要求。"

书记说："真的？"我说："真的。你没信心解决这个问题，我真不来你S局了。连自己的生活问题都解决不了，怎么解决工作上的那些大事？"

过了不长时间，书记给我打电话，说他要结婚了，要我去参加他的婚礼。当时我因为有别的事脱不开身，没能去。后来我听别人说，书记在结婚的时候对大家说："哎呀，我压力很大呀，我不结婚，青林书记不到S局啊！"

光头书记虽然不影响工作，但我还是希望他有勇气改变一下自己，也给公司上下带来点新气象。光头回去跟老伴说要买发套，开始老伴不同意，他把我在班子会上说的话跟老伴一说，老伴勉强同意了。两人一起去商场挑了一个发套，但是他从来没有戴上出过门。后来他来北京开会，仍然光着头。我问他："发套还没戴呀？"他说："青林书记，我跟你说实话，不是我不听你的话，我确实想戴发套，我老伴也同意了，但是我戴上发套，就这门出不来。几次戴着发套走到门口，又回去了。"我分析，能把发套买回家,却戴不出门,主要原因是面子问题没有解决。他怕人说闲话。他给所有人的印象都是他没有头发,戴上发套就不像他了。如果他是个普通老百姓,他可能就戴出来了。因为他是大局的党委书记,那么多眼睛盯着他,好看不好看,他肯定很难受。我从这件事中引申出一个道理:观念的转变,不是立刻就能付诸实践的。从观念转变到付诸行动,有一段很长的距离,有个痛苦的过程。戴个发套的难度尚且如此,何况企业改革呢?我在西北设计院的一次讲话中以此为例,引申到:观念的彻底改变,是在付诸实际行动之后,而不在之前。

选读文章之十四:

对群众意见不要"精加工"

有个电视连续剧叫《康熙微服私访记》,大家很爱看。我想大家爱看有三个原因,一是故事编的好,二是演员演的好,三是皇帝亲自深入民间,了解百姓疾苦,倾听百姓声音,并惩恶扬善,为民除害,迎合了观众的一种心愿。从某种意义上说,这最后一点比前两点更"强烈",才导致了这部电视剧的热播。

康熙那个年代没有报纸电视,也没有照相技术,皇帝长什么样没人知道,所以他可以微服私访。现在不同了,别说国家领导人,就连县长在自己管辖的那个地面上几乎没人不认识。因为县里都有电视台了,县长的脸几乎天天在本县的电视新闻里晃,根本没法搞微服私访。在这种情况下,领导干部要想直接听到老百姓的批评意见,是非常难的。像《康熙微服私访记》里的康熙与恶霸面对面"斗法",就更难以想象了。同样,群众想见领导一面也难。

第八要义：领导文明兴在领导成员文明

现在群众写信或上门反映问题，有信访部门和纪检部门"把关"，这是必要的，不然领导干部整天陷入这种"琐事"之中，就别干"大事"了。信访和纪检部门的职责是把群众反映集中归纳，整理出来向领导汇报。这就有个怎么整理群众意见的问题。把所有的意见原封不动地往上报，显然不妥，总要适当地"筛选"，归类，有些意见在写"简报"时还要做些文字加工。是"粗加工"好，还是"精加工"好？

民主生活会制度是各级领导干部班子建设的重要制度。要过好民主生活会，提高生活会的质量，纪检部门征求意见是必须的，而且在生活会之前，要把群众的意见整理出来，向领导干部汇报。这时候对于纪检部门来说，就有一个对征求意见材料的加工问题。有些群众意见可能很尖锐，整材料的人为了让领导看了不"刺眼"，常常会把"棱角"磨一磨。有些材料要一级级往上报，每一级都磨，筛子眼儿一级比一级细，最后报到上面去，棱角早都磨平了，面目全非。群众意见的尖锐性没了，变得很温和，不"刺眼"，更不刺思想，不痛不痒，失去了原来的意义。

因此我主张各级信访和纪检部门，对群众意见要"粗加工"，不要"精加工"，尽量保持群众意见的原汁原味，这样领导看了才能真正了解、体察下情，这种意见看了才有意义。领导干部听不到真话，判断问题就容易出现错位。

选读文章之十五：

听赞扬"打折"与听批评"加倍"

在长期的机关工作中，我发现，机关工作人员远不如基层的

领导文明与建筑业

工人职工那么"心直口快",他们说话往往都比较"含蓄"。尤其在领导干部面前,说话更是谨慎,这就要求领导干部在当面倾听群众意见的时候,心里要有一杆秤。我总结了两条经验:听赞扬要"打折",听批评要"加倍"。

为什么?

古往今来,喜欢拍马屁的人总是非常的多,因为任何人都喜欢听赞扬的话。从历史题材影视作品中可以看到,皇帝面前最会拍马屁的就是乾隆时期的和珅了,有时简直到了肉麻的程度。当然这是从电视剧里看到的和珅,真实的和珅是怎么拍皇帝马屁的我们就无从知晓了。在当今时代,拍马屁之风仍很盛行,只不过不同层面上的人表现的方式不同罢了。

拍马屁的人都有一个特点,喜欢夸大其词,为了让领导高兴,把芝麻大的成绩说得有西瓜大。极尽曲意奉承之能事。这种时候领导干部一定要头脑清醒,最好的办法就是先在心里给这种赞扬或者说是吹捧打打折,之后得出的结论才会符合实际一些。

当然,也不是说所有的赞扬都是拍马屁,所有的赞扬都是夸大其词。真心实意的赞扬肯定会有的,但是对于领导干部来说,多一份冷静,多一份清醒,总不是什么坏事情。

另外,如果你与那个领导同志意见不和,部下在你面前说他的"坏话"时,你也要打折,因为这有"投其所好"之嫌,更有挑拨关系之意,你一定要打一下折,才会更接近实际情况,才能用平和的心态去处理同事之间的关系。

在听下级提出的批评意见时,必须要"加倍"。这是因为,近年来批评之风日衰,下级不爱也不敢给领导提意见,如果他要提意见,总是要想半天,提还是不提,用什么方式提,说到什么程度。经过再三斟酌,最后终于说出来一点,你可不要以为就这么少,深层次的意见很可能还没提出来,因此你一定要在这个基

第八要义：领导文明兴在领导成员文明

础上再加个倍，只有这样，才能真正了解自己，改正工作中的不足，不断完善自己。

选读文章之十六：

改革≠下岗

现在经常遇到这样的情况，一说国有改革就是下岗，改革成了下岗的同义词。这种认识和做法都是不全面的。这样的改革必然遭到群众的抵触或反对。

不可否认，有些改革是必然要牵涉到精简机构、精简人员这些敏感问题的。但是这并不意味着改革就是分流下岗。现在很多单位把改革这个词用坏了，一提改革，大家就心里发毛，有一种朝不保夕的感觉。

中建总公司下属的一个单位，连续搞了几年改革，领导甚至在动员大会上说，用三至五年的时间，将公司人员缩减到两三千人，职工听了很不高兴，"造反"了，要和领导对话。那是个几千人的大单位，缩减到两三千，那几千人干什么去？

我把这个单位的领导叫来说了一顿。不要一说"改革"就是今天下岗，明天下岗，你以为下岗就改革了？改革是好事，但是要看你站在什么立场上想问题，站在什么立场上说话。你不跟职工站在一个立场上，人家就会反感你，不要说那种非常伤人的话。假如换换位置，你到职工的位置上，天天叫你下岗，你烦不烦？你别老说下岗分流行不行？改为调整结构，共同创业致富行不行？你提共同致富，他想，我还在圈里头，就不会反对你。不要把大家往圈外划。

后来他们根据这个思路，把精简下来的员工调整到自己的劳务公司，实际上也是把人员分流了，但做法上却很得人心。劳务公司过去是用江苏、安徽等外省市劳务人员，现在尽量用自己公司分流下来的专业队伍，自己人有了事干，还发了财，大家很高兴。

这就是立场观点问题，你站在职工的角度讲改革，想的是职工的出路，他就拥护你。

那个单位的领导深有感触地说：一样的事，过去那么说，他们跟我辩论。今天我这么说，还是这事，他鼓掌欢迎。

成功的改革者不但要把单位的经济效益搞上去，还要不让大家下岗回家，让大家都有事干。从这个部门减下来的人，可以调到别的部门去，比如专业公司，劳务公司，给人家一个发挥作用的平台，给人家一个吃饭的地方，给人家一个发挥才干的机会。下岗的人，你得给人家钱（基本生活费），他有事干了，不但不用你给他钱，他还给你交钱（管理费）。人心聚起来了，领导的威信也升高了，何乐而不为？

选读文章之十七：

研究下岗不如研究市场

近年来，我国的国民生产总值（GDP）每年以7%～8%的速度增长，给我国的建筑业市场带来了蓬勃生机。为什么这么说呢？根据我研究的数据表明，GDP增长1%，就要求国家固定资产投资必须增长±0.5%，甚至更高达2%，不然就无法保证GDP增长1%。而固定资产投资是由建筑业来完成的，投资总额的60%就是建筑业的总产值。

众所周知，经济增长速度是靠消费、出口和固定资产投资

第八要义：领导文明兴在领导成员文明

这"三辆马车"来实现的。中国是发展中国家，消费上不去。特别是中国有9亿农民，他们收入低，消费更有限。因此，整个社会的消费刺激不起来，靠消费拉动经济增长很慢。2001年我国GDP增长7%，其中靠消费拉动的只有2.7%。在出口方面，近年起起落落。2001年我国进出口业务因"9.11"事件影响，更难有作为。剩下的担子都交给固定资产投资了。政府采取扩大内需的方针，积极发展基础设施建设，扩大内需，力保GDP 7%的目标。

但是由于无序竞争恶性膨胀，表面上看，竞争越来越激烈。有人错误地认为是建筑市场在压缩，甚至把这种观点写成文章发表在报纸上，造成一些建筑企业领导的恐慌。中建系统的一些下属企业就受到这种观点的影响，为增强市场竞争能力，在一系列改革措施中，把职工的下岗分流当作重要手段，引起职工的不满，上访、静坐事件不断。

我对他们说，现在的建筑市场形势这么好，宏观建筑市场每年都在增长，起码两位数（10%）以上，你们不领着职工研究市场，多拿项目，非得研究什么下岗！

有人不服气，说没发现市场好在哪里。说过去是僧多粥少，现在是狼多肉少。僧多粥少，是说竞争比较平和，狼多肉少，是你死我活了！

我批评他们是蛤蟆坐在井里，根本没研究也不懂得宏观经济与建筑业的关系。我把GDP增长与建筑市场的关系一说，他们就不吭声了。

建筑企业与其他行业不同，有的行业受国家产业政策的调整，矿山关了，生产线停了或者定产限产，那些行业的领导当然要研究下岗职工。建筑业没有调整产业政策，有工程就有建筑市场，每年到处都是工地，给建筑施工企业提供了良好的商机。所以我说，建筑企业研究下岗不如研究市场。

选读文章之十八：

"四个时候"与弘扬积极因素

建设好各级领导班子，形成一个思想统一、开拓进取、团结共事、联系群众的领导集体，是求得积极稳定的基本前提，一个单位的领导班子在通常情况下一般还是可以做到的。从工作某一个范畴来说，我觉得有"四个时候"容易出问题。

一是开拓进取力求破除陈规的时候。领导班子成员之间对一些事情有不同的看法，这是正常的现象，不是一言堂，有点争论是好事不是坏事。但搞不好就滋长一些消极因素。例如，开拓者往往要冲击一下旧观念，打破一下常规，因而影响事业的开拓。我认为对于开创事业的班子要支持，在这个时候不要迁就消极的一面，不要为了消极的稳定而贻误事业。

二是有了成绩和失误的时候。这个时候往往会有争名夺利的思想冒出来，成绩有我的没你的，失误有你的没有我的，光荣的事有我的没你的，不光彩的事有你的没我的。领导班子成员在这个时候都要冷静，牢固树立荣辱共存的思想，更不要犯自由主义，在群众中搞你短我长。

三是领导成员要换班的时候。一个单位主要领导成员换班之前，有的搞小动作，换班之后，有的搞不支持，有的搞所谓"新套套"，甚至否定前任，很少考虑一个班子的连续性对稳定企业，求得发展的重要性。

四是选拔后备干部和确定接班人的时候。这个时候往往也会有一些"议论"，把正常的现象扯向人际关系，搞"山头"代表，影响稳定的局面。

我讲加强班子建设，注意"四个时候"，关键是自由主义得

第八要义：领导文明兴在领导成员文明

不到纠正，这个问题一定要引起各级领导班子的高度注意。

弘扬积极因素，是求得积极稳定的有效方法。弘扬积极因素有三个观点值得重视：

一个观点是：积极因素要靠思想政治工作来激发。我在不同的会议上曾经亮过一个观点，就是思想政治工作是生产力要素的重要组成部分。这句话怎么解释？许多同志都知道，政治经济学讲生产力三大硬要素：即劳动者、生产工具和劳动对象。同时还讲了两个"软"要素，第一是科技进步，一些政治经济学家称科技进步是渗透性生产要素。只有把科技进步渗透到生产力硬要素里面去才能起作用，也就是说科技进步不可能孤立地发挥作用。第二是科学管理，一些政治经济学家称科学管理是运筹性要素，就是把经过科技进步渗透之后的三个硬要素（劳动者、生产工具、劳动对象）通过运筹，在时间、空间里面优化结合起来，产生新的生产力。这里再增加一个软要素是必要的，就是思想政治工作是统帅性要素。科技进步是渗透性要素，但对劳动者的渗透性实际上讲思想政治工作。科技进步是渗透到生产工具和劳动对象里去，思想政治工作是渗透到劳动者——人的思想里去。把思想政治工作看成是统帅性要素，就容易做到思想政治工作的地位、作用和企业中心工作的一致性。如果这样想，企业的思想政治工作的地位、作用和方式、方法就会有新的突破。我在讲思想政治工作经验时曾讲过要入理、入情、入实的"三入"经验。也就是说检验思想政治工作的标准就看它是不是统帅了劳动者，是不是转化成了生产力。企业的思想政治工作如果不和发展生产力连在一起，早晚要出"左"的毛病，容易偏离企业经济建设这个中心，出现两张皮。搞思想政治工作的同志就会找不到自己的地位，看不到自己的业绩，就会感到失落。

另一个观点，积极因素要靠我们各级党群组织的工作来培育。培育的方式方法很多，党、政、工、青、妇都要围绕这个方面来做，发挥各个组织的作用，协调关系，化解矛盾，调动职工的积极性。

再一个观点，积极因素要靠先进典型来发展。各个层次都要树立先进人物，讲先进事迹，弘扬积极因素。

总之，提高职工双文明水平是求得积极稳定的基础。我们中建的稳定，要靠发展生产，创造效益，增加实惠。

附 录

附录一：

项目法施工是施工企业进入市场的钥匙

（人民日报记者朱剑红采访文章）

朱剑红问："鲁布革冲击"对施工企业的改革起了什么作用？

张青林答：事实上，施工企业经营机制的改革在此之前就提出来了。

1984年开始推行招投标制，我们的大企业一走上市场就暴露出自己的弊病，走南闯北形成了大摊子，光管理费就竞争不过小企业。企业成建制地调动，无法适应市场多变的要求。但是企业改革的方向是什么，一直是我们苦恼的问题。

鲁布革经验出来后，我们进行了分析。日本大成公司只来了30多人，工长以下的500人左右的作业队伍都是中国工人。活还是我们干的，效果不同的原因是大成公司的管理方法。比如，作业队伍不是一窝端，而是按工程的实际进度来组织；作业层和管理层分开，工程的质量、进度、效益完全由项目管理层控制，作业层实行计件制等等。

工期短、效益高，表面好学，我们集中力量在一个工程上，完全可以做到，但如何形成一种机制和体制，在每一个项目上都做到呢？这是"鲁布革"最大的启示。

朱问：这是否意味着，实行项目管理已成为施工企业转换机制的突破口？

张答：是这样的，我们把这一改革称为项目法施工。

项目，一般是指工程，但在"项目法施工"这个概念里，有更多的涵义。马克思告诉我们，劳动者和生产资料只有在直接结合的时候，才形成现实的生产力。在建筑施工企业，劳动者和生产资料是在项目上结合，所以，建筑施工企业生产力的落脚点在项目，企业的生产经营中心也在项目。对建筑施工企业来说，项目是多变的，今天是八层楼，明天可能是二十层。今年修电视塔，明年可能造大桥，这就要求劳动者与生产资料结合的方式也应是多变的。企业如果把这个结合方式解决好了，就抓住了进入市场的钥匙。实际上解决这个结合方式的问题就是解决建筑施工企业经营机制转换的问题，而"项目法施工"正是为寻求这一结合方式而产生的，它要求企业根据市场需要，按照工程项目内在规律，对施工生产要素优化配置和动态管理。它既总结了近年来的改革经验，又吸取了先进的国际管理方式。由于把企业推向市场的改革总目标已把项目法施工与转换机制有机地联系在一起了，所以作为突破口是必然的。

朱问：机制的转换是怎样实现的呢？

张答：就是靠项目法施工，带动企业内部管理体制的改革，促进企业减少管理层次，打破行政管理建制，实行项目经理负责制，采取多种形式的项目承包或指标考核办法，使管理层的分配与项目效益挂钩，作业层的分配与劳动工资挂钩，发育劳务、材料、机具、技术和资金的内部市场，以形成一套精干、高效、运转灵活、优化配置、协调发展的企业内部运行机制。

从试点取得的效果来看，项目法施工使一些企业实现了五个转换：

一是实现了企业适应项目的转换。过去国家按照企业的人数、施工能力来分配相应规模的任务，现在，企业内部的改革形成了一种可以根据市场要求来承接不同类型的项目的应变机制。

二是实现了企业管理基点的转换。过去企业是对上负责，工区对公司、公司对局里负责，谁对用户负责呢？不考虑。弊病就是抢产值，干完了好报捷，结果是"胡子工程"多。而项目法施工使企业管理重心下沉到项目工地上，真正做到了对用户负责。

三是实现了企业生产方式的转换。改变过去按行政级别一级级下达任务的状况，企业从市场上通过投标得到项目，然后优选项目经理，由项目经理再优选项目班子和作业队伍。

四是企业生产要素运行程度的转换。改行政调拨为根据项目需要，在建筑施工企业内部按市场机制流动。

五是企业流动方式开始转换。由过去的"吉普赛"方式逐渐向"精兵强将上前线，后方固定大本营，从事多种经营"的方式过渡。

朱问：实行项目法施工的工程，经济效益是不是提高了？

张答：明显提高！我就举一个例子：济（南）青（岛）公路是世行贷款项目，分为8个合同段。北京城建总公司中标的标段比第一个标段晚开工8个月，但到年终山东省政府评比时，却夺得进度、质量的第一名。他们既不是专业道路施工企业，又不是本地队伍，为什么能后来居上？实行"项目法施工"是一个重要原因。

1987年国家批准正式进行"项目法施工"试点的企业有18家，1990年扩大到50家，因为效益明显，很多非试点企业和项目都在搞。北京、上海、浙江、新疆、沈阳等一些省区市及水电、中化等部门都已经要求所有企业和新开工项目都要推行项目法施工。项目法施工已形成全国推广的态势。

朱问： 能不能说这就是今后施工企业深化改革的主旋律？

张答： 正是。但我想多说一句话。建筑产品与一般工业产品不一样，国家预算已经把它的价格定了下来。企业面临着死预算与活市场的矛盾，像人工费、材料费等，往往预算价格与市场价格差别很大，全靠企业自我消化。此外，一些建设单位在招标中还竞相压价，使本来就不足的投资又被截留走一块。企业纵有天大本事，毕竟"巧妇难为无米之炊"。所以，施工企业内部深化改革和建立健全市场机制必须同时进行，才能使企业真正做到"自主经营，自负盈亏，自我约束，自我发展"。

附录二：

情系中国建筑，体察群众心声
——记中国建筑工程总公司党组书记、副总经理张青林

贺茜（经济参考报记者）　李成扬（中建总公司）

倾心建筑业的改革与发展

张青林在建筑大学毕业，而后又在建筑行业工作了三十多年，对这个行业有比较广泛深入的了解，也有很深的感情。

他为维护农民工的合法权益做了许多切实的工作。尤其，对久治不愈的工程款拖欠问题的根源进行了深刻的剖析，并且提出要把建立健全市场信用体系，规范市场秩序作为治本之策。建设部门、北京市政府在回函中充分肯定和支持了他的建议。就在年底（指2003年底，著者注），国家明确提出要解决建设领域拖欠工程款问题，还召开会议部署清理解决拖欠工程款工作。建设领域清理解决拖欠工程款轰轰烈烈地开展起来，大部分农民工在回家过节前拿到了辛苦一年挣来的工资。张青林认为，当前全社会都在关注农民工合法权益问题。党中央已明确提出"进城务工农民是工人阶级的新成员"，有关部门为维护农民工合法权益出台了一系列文件，各级政府部门和社会各界也做了许多工作。从建筑业工会的角度看，要不断壮大工人阶级队伍，培育合格产业工人。从根本上维护农民工合法权益，就要在农民工中组建工会组织。

由于农民工与总承包企业没有直接劳动合同关系，因此总承包企业无法适用在自有职工中建立工会的工作机制。那么在农民工中怎么才能建立工会组织呢？

张青林自信地说，中建一局在这方面已经进行了探索和实践。这就是以工程项目为载体组建总承包企业与农民工队伍的工

会联合会。工会联合会在运行中贯彻了三项制度：一是委员代表制度，即工会联合会主席由总承包单位工会主席担任，委员由劳务分包单位工会主席组成。二是联席会议制度，即工会联合会采取联席会议制度，工会联合会下设劳动争议、安全生产、宣传文体等工作小组，定期开会沟通工作。三是动态管理制度，即每支队伍随着施工任务的完成或承接，其在工会联合会的席位自动注销或替补。这三项制度在分公司和项目的实践中取得了较好的效果，得到了北京市总工会的肯定。

情系困难企业职工和群众

2002年9月张青林到黑龙江省大庆、伊春、鸡西、双鸭山等几个资源型城市考察，一路走下来他的心情很不平静。黑龙江这片黑土地是国有企业最集中的地方之一，大量产业工人工作在石油开采、森林伐木和煤矿挖掘等生产一线，在先生产后生活的艰苦创业历程中，一方面为国家建设作出了重大贡献，另一方面培育了以铁人王进喜为代表的工人阶级队伍。但随着国家资产管理体制及国有企业改革的不断深化，使资源型企业既面临资源变化的挑战，又面临国有企业历史性负担的挑战。其中大批产业工人家庭几代人就业于资源型企业，他们的现实生活状况更是深深地触动了张青林，于是他提笔撰写了"资源型企业员工状况很值得重视"的调研报告。报告把在转型过程中的产业工人遇到的问题和困难概括为"六多"，即埋怨情绪多、下岗失业多、拖欠工资和费用多、安全事故多、社会负担多和困难家庭多。报告提出振兴东北老工业基地不能不高度重视和解决好协调发展的问题，特别是要协调好资源型企业与资源型城市的关系、解决好资源型企业结构调整的资源关系、调节好新型企业与原资源型企业的关系。在振兴东北老工业基地的过程中，凡是能够改造利用资源型企业生产资料的就尽量去用，凡是能够招用资源型企业员工就要尽量去招用。笔墨之间字字句句都体现了他对产业工人的忧虑之心、关切之情。

在中建总公司2004年工作会上，张青林关于人力资源建设方面有这样一句话："以人为本，贵在激活"。中建总公司有近千家法人企业、10多万名正式职工，分布在全国各地。在这样一个特大型建筑企业集团里，由于种种原因发展是不平衡的，存在着一些困难企业和困难职工，尤其是一些特困职工家庭，甚至受到伤残、病痛、失业的困扰。这样的特困职工家庭如何激活，如何带给他们希望？

2004年春节前夕，张青林来到中建六局安装公司慰问。他走进特困职工曹树刚的家庭，细心地了解到这是一个几代人在为中建服务的职工之家，父亲曹天义是企业员工、退休多年，母亲没有工作，三个儿子：大儿子瘫痪在床；二儿子因肝癌病故。生前是中建职工；小儿子曹树刚又下岗加丧偶。曹家三代只有一根独苗，就是2003年考入合肥工业大学工商管理专业、正在读大一第三代的曹晓辰，因为孩子的懂事和发奋，三代人将希望汇集在一起。但是，每年数千元的学费使这个屡遭打击的家庭难以承受，曹树刚为筹集学费四处奔波打工。

此情此景，张青林联想起自己作为一个农民的儿子，读书的时候在组织的帮助下闯过种种艰苦和坎坷，当即决定把曹家作为他个人的困难职工联系点，自己出资解决曹晓辰大学期间的全部教育费用。如果你能够看到当时曹家三代人泪流满面的感人场面，一定会领会到"扶贫"两个字的深刻含义。扶贫不是救穷，而是为未来点燃希望。在回来的路上，张青林陷入了沉思：仅凭领导干部的个人资助力量是有限的。我们是国有企业，是共产党员，不能让中建系统任何一个考上大学的孩子因为贫困而辍学。一个依靠组织、发挥集体力量救助特困职工家庭的想法产生了。于是他向整个中建系统发出号召，开展为"扶贫济困"专项资金捐款活动，效益好的单位要带头捐献，帮助困难企业、困难职工和他们的孩子。

在这次春节慰问活动之后，张青林向全系统的领导干部提出了"五个必须看"的要求，这就是一定要年年看望慰问困难企业、困难职工，同时也一定要年年慰问劳动模范、老同志，年年看望在中建企业工作的农民工。他动情地说，这"五看"要成为一种风气、成为一种制度、是我们领导干部心里有没有群众的试金石。

力推中国项目管理走向世界

在工程建设领域，只要说起项目管理，人们就会很自然地联想到张青林这个名字。从80年代推出鲁布革经验至今的20多年中，他一直致力于工程项目管理的引进、创新和实践推广工作。他在政府部门时主持制定并通过了一系列政策进行引导和推动，为项目管理的发展创造了有利的体制环境。在他的领导组织下，明确了中国施工管理体制改革的总体目标模式；在建筑施工企业中推广项目管理的试点工作；提出了项目生产力理论，为全面实施项目管理提供了坚实的理论基础；推动了建筑业生产方式的改革和建筑企业组织结构的调整。

身兼中国建筑业协会副会长、中国质量协会副会长、项目管理专家委员会主任、工程项目管理委员会会长等多项社会职务的他，曾多次出席国际工程项目管理会议，介绍中国建筑业的发展和项目管理的新成果。国内许多单位也不断邀请他做学术报告，经常是一场接着一场。对宏观经济形势的精辟分析、对实践经验的生动概括和深入浅出的语言，每一次演讲都使所有在场者感到受益匪浅。

2003年10月，新加坡项目管理学会举行隆重热烈的授聘仪式、授予张青林名誉院士的称号。这是该学会首次将名誉院士称号授予外籍人士。新加坡项目管理学会会长在致辞中说:"张青林先生积极促进和开展项目管理的国际交流活动,提升项目管理的国际化水平,做出了令人尊敬的杰出贡献!"2003年底,《建筑时报》评选张青林为2003年度建筑行业十大人物中的首席人物。

而他却谦虚地说,这些称号不仅是对我个人的褒奖,更是代表中国广大项目管理工作者获得的荣誉。中国经济正处在持续快速发展的历史时期,中国建筑市场繁花似锦,到处可见塔吊林立的工程现场,不少国际友人都说,中国盛开的"国花"就是塔吊。在这样一片充满生机的广阔沃土上,广大中国项目管理工作者的辛勤实践和积极创新,不仅创造出一大批足以展现中国建筑业发展水平的工程代表作品,而且极大地促进了工程建设管理体制的改革和进步。今天中国的项目管理正处在向国际化水准迈进的新阶段,我们需要学习、汲取一切国际先进施工管理经验,继续加强项目管理的国际交流和合作,有助于提升中国项目管理的国际化水平。

"一最两跨"的目标和心愿

作为中国大型的建筑企业集团的党组书记、副总经理,张青林时时意识到自己肩上的重任。他说,中建总公司是一个有着50多年历史的国有企业群体,早在20世纪50年代的"一五"时期,就是国家基本建设的野战军,曾被誉为"基本建设的先锋,南征北战的铁军",在国家的许多重点工程项目建设中立下了不朽的功勋。这样一个老国有企业一方面有着自己的光荣传统,一方面担负着历史上形成的沉重包袱。如何使中建焕发青春,在国际承包市场上一展雄姿,这是我们企业领导者不可推卸的历史责任。

十六大之后,中建总公司提出了"一最两跨"的奋斗目标。即发展成为中国最具有国际竞争力的大型建筑企业集团,在2010

年之前跨入世界最大 225 家国际承包商的前 10 名、跨入世界 500 强企业行列。

当提及 2003 年的经营业绩时，张青林高兴地说："2003 年是中建总公司取得丰硕成果的一年。总公司全年完成合同额 956 亿元人民币，营业额 693 亿元，利润总额近 16 亿元。均超额完成了年度预算目标。并创历史新高。"说着他拿起一份资料说。在国际权威机构 ENR（美国工程新闻纪要）最新公布的世界最大 225 家国际承包商排名中，中建总公司已由上年的第 22 位跃升为第 16 位，在世界最大 225 家环球承包商排名中，也由上年的第 14 位上升到第 13 位。在中国企业 500 强排名中，中建总公司名列第 18 位。可以说在 2003 年里，我们已经向"一最两跨"的目标迈出了长足的坚实的一步。按照现在的发展速度，中建总公司有望在 2006 年便达到 1001 亿美元的规模。但我们之所以不强调 2006 年进入世界 500 强，是因为我们在抓企业经营规模扩张的同时，更注重企业经济效益的提升。我们的目的不是"虚胖"地进入世界 500 强，而是在提高企业发展质量的前提下进入世界 500 强，这样我们国家才能由现在的建筑业大国发展成为真正的建筑业强国。

2003 年过去了，在收获希望的同时，张青林又在为 2004 年的工作和目标谋划着、忙碌着……

附录三：

永立时代潮头
——从"余孝德"现象看当代劳模的先进性
（2003年7月25日人民日报采访文章）

余孝德，北京建筑业大名鼎鼎的人物，两次被评为全国劳动模范、两次获全国"五一"劳动奖章、三次被评为北京市劳模，曾获"全国工人十杰"称号，获得的荣誉称号总计近七十个。

2001年底，余孝德"下海"了，而且是被他所在的单位——中国建筑一局（集团）有限公司"逼"下去的。当年12月7日，"北京市余孝德建筑工程有限责任公司"正式挂牌。

"劳模可以当老板吗？""新形势下劳模的先进性体现在什么地方？""余孝德现象"引起许多人的兴趣。

劳模余孝德

48岁的余孝德，在中建一局干了32年。

余孝德木工出身，干活像拼命，在早年就是工人的"头儿"。1982年，他在中建一局较早地打起了"青年突击队"的大旗，从此，他带领这支队伍顶风冒雨，苦战硬干，创造了建筑业的一个个奇迹：以10天一层楼的速度，盖起北京国际艺苑皇冠假日饭店；以7天一层楼的速度盖起首钢医院；在北京精品大厦施工中，270天完成12.3万平方米，平均3天盖一层楼，创造出与"深圳速度"齐名的"北京速度"。更令同行服气的是，自北京市开展建筑工程"长城杯"竞赛以来，余孝德干的工程项目都获"长城杯"，有的还获全国建筑工程鲁班奖，工程优质率达到100%。余孝德的名字，成为中建一局一笔巨大的无形资产。

作为一名全国劳模，在每一次改革浪潮到来时，余孝德都勇敢地立于潮头。上世纪80年代初,"鲁布革现象"在中国建筑界引起强烈震动,人们意识到,建筑业要从劳动密集型向管理、技术密集型转变,就必须实行经营管理层与劳务层的"两层分离"。余孝德大胆"吃螃蟹",1998年,他担任"余孝德建筑工程公司"经理,带领几十名工人、联合200多人的外协力量,在建筑劳务市场闯出了一片天。

2001年,改革又把余孝德推到前台。这年7月,建设部颁布建筑行业新的资质管理办法。办法规定,申请施工总承包、专业承包资质的公司,不得再申请劳务分包资质。这就意味着,余孝德所在的中建一局数百名吃劳务饭的工人必须离开中建,自谋出路。

"决不能简单地把工人推向社会。"中建一局领导经过再三研究,决定由余孝德牵头,成立一家股份制的劳务公司,将工人们"带"向市场。经过激烈的思想斗争,余孝德勇敢地接受了挑战。2001年12月7日,民营企业"北京市余孝德建筑工程有限责任公司"挂牌了。这家股份制企业吸纳了原中建三公司劳务公司的70名工人,公司有12名股东,余孝德自己出资40万元,当了总经理。

"老板余孝德"

中建一局三公司党委书记黄永臣说:对余孝德,我们是"扶上马",还要"送一程"。这一程送得够远。中建一局三公司不仅无偿让出了"余孝德"这块金字招牌,还决定:今后中建一局三公司的劳务工程优先让余孝德的公司做;3年内,如果余孝德的公司经营不下去,他带走的70多名工人还可以回到三公司。人们都希望余孝德成功,因为在未来几年内,中建一局三公司的职工将从1700人通过重组减员至950人,大家盼望余孝德能给公司趟出一条成功的"分流"之路。

余孝德成功了。在短短六七个月的时间内,他的公司同时运作着"美欣家园"、"国防科技大学体育馆"等5个大的劳务工程项目,施工总面积达到33万平方米,完工的项目个个都夺得结构"长城杯"。从四川来的2000多名外协民工月收入都在2000元以上。

几十年国有企业的培养,使余孝德有了丰富的管理经验。他按劳动强度、劳动量,把各工种打成分,工人按分取酬,多劳多得。他重视人才,从外地"挖"来的6名大学毕业生个个重用,月薪5000元,年底还有两三万元的奖金。

余孝德对工人真好。外协工的衣服,从上到下,一年发一套,铺盖一年一换。他和外协工一起吃大食堂,端午节有粽子,中秋节有月饼,平常顿顿有肉,管足管够。要过年了,他给民工买好车票,包好火车皮,一人还发500元路费、700元鞭炮钱。工人们说:"这个老板太厚道,不像个老板。"余孝德说:"我是工人出身的劳模,啥时候都不能忘本!"

劳模余孝德下了"海",老客户依然跟踪而至,有的业主宁可不搞招标,也坚持要请余孝德公司来施工。还有些业主在楼盘销售广告里特意写明:"由全国劳模余孝德的公司承担工程施工"。

"余孝德现象说明了什么"

余孝德的成功,在中国建筑总公司内引起不小的反响,一个最直接的成果是:在余孝德的带动下,仅中建一局三公司就又诞生了"天朗"、"中建华成"两个民营公司,类似的民营企业也相继在中建一局其他公司产生。一条崭新的建筑业国企人员分流之路,被越拓越宽。更有意义的是,"余孝德现象"引起人们更深层次的思考:在新的形势下,劳模的先进性该如何体现?

劳模,是劳动行业的模范。在传统意义上,他们的角色被定位在"安心本职"、"拼搏苦干"、"任劳任怨",其意义在于:劳模是国营生产或科研一线普通劳动者的一面旗帜。现在,劳模余孝德的角色变了,他干得再苦再累,赢得是民营企业的利润。他,还称得上是一面旗帜吗?

谈起这个话题,中国建筑工程总公司党组书记张青林同志态度明朗,在他眼中,余孝德身上体现了当代劳模的三个特点。

创新品质。20世纪80年代初,国家有关部门就认识到,中国建筑业要赶上国际先进水平,必须向管理与技术密集型发展,具体分三步走:第一步,变工程上的"大兵团"作战为"项目法施工",按市场要求配置生产要素;第二步,打破施工企业的行政建制,成立企业内部劳务市场;第三步,建筑劳务市场彻底市场化。余孝德公司的成立,是改革发展的必然。作为全国劳模,他打破旧意识羁绊,勇敢地走在改革最前列,体现了劳模的创新品质。

先进本色。当前的建筑也是个完全竞争性的行业,建筑产业工人的先进性就体现在敢于冲击市场,拼搏市场。余孝德本是个本国职工,本可以安心当劳模,市场压力压不倒他。然而,在改革关头,他最终选择了走向市场,勇敢地担负起上百名国企工人、2000多名外协工的生存压力。

时代精神。劳模精神是发展的,榜样要有时代性。在当前改革创新的新形势下,余孝德高扛起"劳模"这面品牌大旗,带领下岗分流职工闯出了一片就业新天地,他是国企人员分流改革中的先行者,发挥了很好的作用。这样的劳模,无疑是时代的佼佼者!

后 记

酝酿这套丛书是我在 2004 年 10 月到中央党校省部级领导干部学习班时开始的。当时促动我做这件事情有两个方面的原因：主观上，我在建筑行业工作了三十多年，对这个行业充满了深厚的感情。我以这样一种感情想把自己多年的工作体会、工作思路以及工作方法整理出来，作为自己一个时期的工作成果展现给广大建筑行业的工作者；客观上，近些年来我的学术活动比较多，在国内建筑业论坛、国际项目管理学术会议上演讲，在建筑施工企业和大学里授课。这些演讲和授课得到了广大的官员、学者、管理者以及学员们的积极评价和鼓励，并希望我能够把这些观点和经验编辑成书，供致力于我国建筑业发展的人士借鉴和参考，以发挥更多一点的作用。

有了这样一个想法，接下来就是确定书的内容。编辑出版一本书还是分成几个方面出版一套丛书呢？我也进行了分析，出一本书，相对来说工作量较小，但由于受篇幅的限制，书的内容无法详细展开，不利于读者的阅读获取；出版一套丛书可以很好的兼顾到书的全面性，但工作量相对较大。经过反复考虑，我决定还是出版一套丛书，因为这样更方便读者。

我把这套丛书命名为《建筑企业管理论丛》，其中共分成四册，分别是《项目管理与建筑业》、《经营管理与建筑业》、《领导文明与建筑业》、《企业文化与建筑业》。这样就分别从项目管理、企业管理和行业管理的层面对我国建筑业改革的历程、建筑业的新走向、建筑企业领导者的自身修养以及建筑企业文化建设等方面进行了全面地阐述。书中还特别引入了目前我国建筑业管理方面的一些新的思想，如：建筑企业职业经理人与建筑企业资质管理、工程担保制度、代建制等，以便于读者掌握目前我国建筑业的发展趋势。

在这套丛书的细节设计中，作了一些创新。我在一些段落较大的部分提炼了一些紧扣主题的小题目，便于读者掌握文章的主题思想，从而也增加了阅读的趣味性。同时在每一个篇章的后面我还重点选取了一些文章作为一段论述后的阅读材料，便于读者掌握这段主题的中心思想，以达到事半功倍的效果。但无论怎样去做，也不会十分圆满。无论是哪一个方面的论述仅是我个人的观点，难免有不妥之处，真诚希望广大读者给我提出意见。

我要特别感谢的是建设部汪光焘部长，他是百忙之中为本书写了出版寄语。他是以真诚的感情写的，这给了我很大的鼓励，我要向部长表示十分的感谢！

本书在编辑出版过程中，得到了吴涛、李丛德、李成扬、颜思展等同志的大力支持，特别是姜海峰同志对这套丛书的出版作了大量的工作，谨向他们表示感谢。